PROCÈS

DE

L'ÉCHO DU NORD et DU LIBÉRAL

DEVANT

LES ASSISES DE DOUAI.

Novembre 1835

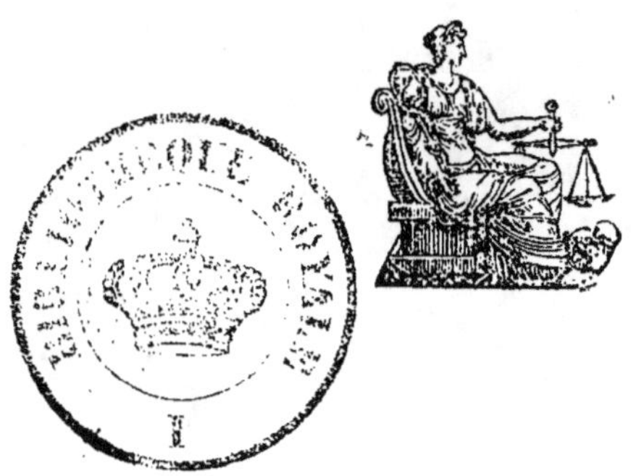

LILLE,

IMPRIMERIE DE LELEUX, GRANDE PLACE.

1835.

PRÉFACE.

Après avoir passé, sans aucun démêlé avec la
justice les cinq années qui se sont écoulées depuis la
révolution de juillet, l'éditeur de l'*Écho du Nord*
s'est vu tout-à-coup l'objet de deux poursuites, l'une
à l'occasion d'un article sur *l'inviolabilité royale*,
inséré dans le numéro du 26 juillet 1835, l'autre
pour l'insertion dans son numéro du 5 août, d'un
article intitulé : *revue de la semaine*.

Cette rigueur que l'*Écho du Nord* devait à la terreur
produite par l'attentat Fieschi, et qu'il partageait
avec ses confrères du *Libéral* et de l'*Émancipateur*,
ne l'inquiéta nullement. Malgré l'importance que le
parquet attachait à ces cinq procès qui devaient
ouvrir une ère de condamnations pour la mauvaise
presse ; malgré les renseignemens minutieux et inu-
sités sollicités par le pouvoir sur les opinions politiques des jurés auxquels il avait fait l'injure de les
croire dignes de porter le premier coup à la plus
vitale de nos libertés; fort de l'appui qu'il devait
trouver dans le bon sens du pays, l'éditeur de l'*Écho
du Nord* ne douta pas un seul instant de son acquittement, dont le talent de ses défenseurs lui était
d'ailleurs un sûr garant.

Maintenant que le jury a parlé, que son verdict indépendant a éclairé et fait justice des poursuites inconsidérées du parquet, l'éditeur de l'*Écho du Nord* se glorifie d'avoir été choisi pour donner à ses compatriotes le moyen de protester par deux éclatantes déclarations contre la malheureuse tendance du pouvoir. Désormais les procès de la presse sont impossibles en province, et la petite terreur que le ministère entretient sur les journaux de Paris, s'arrêtera à la barrière.

Honneur au jury de Douai !

Il a compris sa mission, et la presse reconnaissante peut lui appliquer avec justice ce vers de Voltaire :

C'est du Nord aujourd'hui que nous vient la lumière.

COUR D'ASSISES DU DÉP.ᵗ DU NORD,

SÉANT A DOUAI.

(AUDIENCE DU 5 NOVEMBRE 1835.)

Présidence de M. VANVINCQ.

Conseillers assesseurs : MM. FOUGEROUX DE CAMPIGNEULLES ET DE WARENGHIEN.

PREMIÈRE AFFAIRE
DE L'ÉCHO DU NORD.

—

ATTAQUE CONTRE L'INVIOLABILITÉ DE LA PERSONNE DU ROI, ET LES DROITS QU'IL TIENT DU VOEU DE LA NATION.

L'ATTENTAT du 28 juillet a été fatal à la presse de plus d'une manière : le crime de Fieschi, de cet homme qui a fait rougir l'humanité, lui a valu de nombreux procès et une législation qu'elle subit avec résignation, laissant au temps le soin d'en faire justice.

C'est pour répondre à l'une de ces poursuites si inconsidérément intentées à la presse, dans la première fièvre de la réaction, que M. Leleux, éditeur de l'*Écho du Nord*, s'est présenté, le 5 novembre, devant la cour d'assises du département du Nord.

L'intérêt qui s'attache si naturellement à la personne et au caractère du prévenu, avait attiré dans l'enceinte de la cour d'assises tout ce que la ville de Douai compte de plus distingué dans toutes les carrières publiques. Derrière la cour on remarque un grand nombre de magistrats, parmi lesquels se trouve M. Corne, président du tribunal de première instance, auteur d'un ouvrage estimé sur le courage civil. Plusieurs citoyens de Lille assistent à l'audience, pour témoigner au prévenu toute la sympathie qu'il leur inspire.

La tribune réservée aux dames est garnie comme aux jours de grande solennité judiciaire. On distingue aussi dans l'auditoire plusieurs officiers de la garnison, des ecclésiastiques et un grand nombre de notabilités légitimistes du département, attirées par le procès de l'*Émancipateur*.

A neuf heures, la cour entre en séance. M.ᵉ Pillot, substitut du procureur-général, occupe le fauteuil du ministère public.

M. Leleux est assis au banc des avocats ; il porte le ruban de juillet. A ses côtés, sont placés M.ᵉˢ Charles Ledru de Paris, Pierre Legrand de Lille, ses conseils, et MM. Délebecque et Degouve-Denuncques, accusés du lendemain.

La cour, M. le procureur-général et le prévenu se retirent dans la salle des délibérations des jurés pour procéder au tirage au sort du jury qui doit siéger dans l'affaire.

Cette opération terminée, la cour rentre en séance.

Après l'appel de MM. les jurés qui prennent place dans l'ordre où leurs noms sont sortis de l'urne, M. le président procède à l'interrogatoire de l'accusé.

M. LE PRÉSIDENT : Accusé Leleux, levez-vous.

M. LELEUX se lève et répond aux questions qui lui sont faites par M. le président, sur son âge, ses nom, prénoms, domicile et profession.

M. LE PRÉSIDENT fait prêter à MM. les jurés le serment voulu par la loi. Puis, après avoir rappelé aux défenseurs des accusés qu'ils ne peuvent rien dire contre leur conscience ou contre le respect dû aux lois, et qu'ils doivent s'exprimer avec décence et modération ; il ajoute : Accusé, soyez attentif à ce que vous allez entendre. M. le greffier va vous donner lecture de l'arrêt de renvoi et de l'acte d'accusation, que nous ne croyons pas devoir rappeler ici.

Voici dans son entier l'article incriminé :

DE L'INVIOLABILITÉ ROYALE.

Le palais du Luxembourg, ce temple de la haute aristocratie, qui fut autrefois le Lupanar d'une princesse bourbonienne adultère et incestueuse, ce même palais où un assassinat juridique frappa audacieusement le plus vaillant capitaine de l'armée française, a retenti, en ces derniers jours, d'une parole qu'on a peine à comprendre.

M. le président Pasquier, celui-là même qui n'a trahi que cinq ou six fois ses opinions, celui-là même qui a assisté et coopéré au renversement de plusieurs gouvernemens, M. Pasquier a eu l'intrépidité de dire publiquement, en présence de la nation qui l'a entendu, en face de cent trente pairs qui ne lui ont pas ri au nez, que la personne du roi était *inviolable, non justiciable d'aucun juge.*

Une telle affirmation est bien maladroite et bien inopportune. Eh quoi! M. Pasquier choisit précisément le mois de juillet, ce terrible mois si fatal à la royauté, pour venir prôner un principe aussi faux qu'absurde, qui ne signifie autre chose que la souplesse d'un homme assez complaisant pour flatter à ce point un prince à qui le peuple, après sa grande victoire, a jeté si imprudemment et le pouvoir et la couronne!

Faut-il donc sans cesse revenir sur le passé pour ouvrir les yeux aux courtisans esclaves de la puissance royale? Faut-il leur répéter encore cette inflexible histoire du pays où nous voyons écrite une série complète de dépositions de rois de toutes les races? Faut-il redire, avec la *Gazette de France,* que la légitimité des Bourbons date de l'usurpation de Hugues Capet, que ce vol a légitimé la violence faite aux possesseurs d'alors?

Mais pourquoi remonter si loin quand l'histoire contemporaine parle assez haut pour l'instruction de tous? Inutile de s'appesantir sur la *légitimité* du grand roi Louis XIV, fils d'un prêtre et d'une princesse adultère, d'où sont issus les autres *légitimités* des princes bourbons!

Louis XVI, victime des intrigues de ses frères, coupable envers la nation qu'il trahissait évidemment, fut mis à mort par la convention qui tenait ses pouvoirs du peuple. Qu'importe que cette assemblée ait jugé légalement ou arbitrairement? Elle a jugé Capet; elle a fait rouler sa tête sur l'échafaud; elle a eu cette volonté, ce droit, ce devoir, cette puissance. D'où il résulte que Louis XVI, qui, comme chaque roi constitutionnel, avait fait décréter son inviolabilité, fut responsable de ses actes et rencontra des juges qui lui firent expier ou ses fautes, ou son ignorance, ou ses crimes ou sa faiblesse.

Mais M. Pasquier ne peut pas s'arrêter à ce seul exemple : il est hors de ligne, car, dit-il, Louis XVI fut assassiné!....

Et lors même que nous ferions cette concession à M. Pasquier, serait-il moins vrai que l'empereur Napoléon, sacré comme tel et reconnu par toute l'Europe, fut renversé, détrôné, exilé à l'île d'Elbe? Serait-il moins vrai que Louis XVIII, roi légitime, reconnu aussi par toute l'Europe, fut forcé de s'exiler, délaissé par l'armée et abandonné par le peuple? Serait-il moins vrai que la tête sacrée de Napoléon, détrôné une seconde fois, alla reposer dans l'exil, au milieu de l'Océan, où la mort vint l'arracher aux fers de la sainte-alliance? Et Charles X, et le dauphin, et le duc de Bordeaux n'ont-ils pas, en un jour, donné le plus éclatant démenti à l'inviolabilité royale, alors que le grand juge à tous, le peuple de Paris, les repoussait et les envoyait sur la terre étrangère? C'est en juillet 1830 que cette terrible sentence était exécutée contre la royauté légitime et de droit divin, et c'est en juillet 1835 que la chambre des pairs, qui a trahi la royauté qui la fit naître, c'est elle qui applaudit presque au principe de l'inviolabilité royale, elle qui n'a rien fait pour le sauver, pour le défendre; elle qui s'est jetée à la remorque d'une autre royauté qu'elle laissera peut-être succomber aussi un jour devant le souffle populaire!

Quand on prépare partout les lampions inamovibles des fêtes publiques, quand le pouvoir né du pouvoir déchu, se dispose à célébrer la défaite de la royauté qui a cessé d'être le 29 juillet 1830, quand les trois jours anniversaires de la victoire du peuple et de la destruction d'un trône ne sont qu'à quelques heures de nous, c'est alors, sérieusement et sans ironie, que le premier corps politique de l'état s'avise de proclamer que *la personne du roi est inviolable!....* Cela est tellement ridicule qu'on n'y saurait croire ailleurs qu'à la chambre des pairs.

Pour nous, qui ne sommes ni pairs de France, ni serviteurs aux gages d'aucun pouvoir, nous dirons que la personne des rois n'est *inviolable* que tant que le peuple ne se lève pas pour les juger et les frapper, en punition de leurs crimes. »

M. LE PRÉSIDENT: Accusé Leleux, êtes-vous l'auteur de cet article?

M. LELEUX : Non, M. le président; mais j'ai déjà déclaré et je déclare de nouveau qu'en ma qualité de gérant j'en assume toute la responsabilité.

M. LE PRÉSIDENT : La parole est à M. le procureur-général pour soutenir et développer les moyens de l'accusation.

M.ᵉ Pillot se lève :

C'est, dit-il, un principe social qu'il faut mettre le roi à l'abri de toute atteinte. C'est par suite de ce principe que l'hérédité a été introduite, et il est tellement nécessaire à l'ordre que tous les gouvernemens en ont fait la base de leurs constitutions; et la charte de 1830 l'a de nouveau proclamé. Dans cette charte, le peuple souverain écrivait, par ses mandataires, que la personne du roi était inviolable. »

M. le procureur-général explique à quelle occasion M. Pasquier prononça les paroles qui servirent de thème à l'auteur de l'article. Il démontre que c'était son devoir et qu'il y aurait manqué si, président du premier corps de l'état, il avait souffert qu'on violât devant lui un principe émis dans la constitution.

Entrant dans l'histoire, il s'attache à démontrer que l'auteur de l'article a pris partout l'exception pour la règle, le fait pour le droit.

La violation du principe à l'égard de Louis XVI fut un crime, à l'égard de Napoléon, l'abus de la force.

Arrivant à Charles X, il reconnaît que la nation a eu raison de le chasser, parcequ'il avait rompu le pacte; et que Louis-Philippe mériterait le même traitement s'il faisait des ordonnances de juillet.

En général, M. le substitut proclame les vrais principes de la souveraineté populaire, seulement on remarque qu'il en déduit de fausses conséquences. C'est une lutte continuelle du bon sens naturel de l'orateur avec la conclusion obligée de ses fonctions.

Après ce réquisitoire que M. le substitut du procureur-général termine en s'en rapportant à la conscience des jurés, M. le président donne la parole à M.ᵉ Legrand.

Cet avocat s'exprime ainsi :

Messieurs les jurés,

Si, après les discussions qui ont retenti dans les chambres, à propos d'une loi récente, on pouvait encore douter de la haine aveugle que le pouvoir professe contre la presse, on en trouverait la preuve incontestable dans cette multitude de procès politiques, qui, dans les circonstances les plus tranquillisantes, au milieu d'un pays renommé par son amour pour la paix publique, viennent encombrer les abords de votre session, et retarder le jugement des attentats contre la vie et contre la liberté des citoyens, pour la répression des attentats, sans doute beaucoup plus criminéls, commis par des écrivains contre la quiétude ministérielle.

On en trouverait surtout la preuve dans cette double poursuite intentée contre l'honorable éditeur de l'*Écho du Nord*.

Certes, si quelqu'un devait croire désormais à l'abri des foudres du parquet, et sa personne souffrante encore de l'humidité des prisons, et sa fortune ébréchée par des condamnations pécuniaires, encourues pour la cause qui triomphe aujourd'hui, c'était bien M. Leleux.

Il y avait quelque pudeur à ménager un écrivain dont les services avaient été si utiles, comme on ménage dans le monde ces vieux amis dont on écoute les brusques conseils à la faveur du motif qui les inspire ; il y avait quelque pudeur à pardonner même des écarts à l'homme qui lorsqu'arriva la révolution qu'il avait appelée et hâtée sut prendre et maintenir une ligne de conduite sage et modérée, au milieu du double écueil dans lequel sont tombés un grand nombre de ses amis politiques, les uns pour avoir désespéré trop tôt du présent, les autres pour avoir mordu trop avidement au gateau que le pouvoir jette aux cerbères de la presse pour les faire taire.

Cette pudeur, on ne l'a pas eue, et après cinq années, vierges de tout contact avec la justice, une poursuite géminée vient atteindre M. Leleux, au mépris des promesses des ministres qui, à les en croire, ne voulaient détruire que la presse légitimiste et républicaine.

Heureusement que nous avons encore pour juges, les juges du pays. frappé des défiances ministérielles, le jury est debout et son bras mutilé tient encore la balance ; que le pouvoir y jette ses haînes, ses craintes, ses petites susceptibilités, nous y jetterons nous, la liberté de la presse, tout entière menacée, et l'avenir du pays, intéressé au maintien de cette liberté, son unique sauve-garde ; et nous ne doutons pas d'un verdict d'absolution.

L'article incriminé aujourd'hui est intitulé de : l'*Inviolabilité Royale*, sujet brûlant, et qui devait plus que tout autre attirer l'attention du parquet. Eh bien ! il avait passé inaperçu, il n'avait excité à Lille aucune émotion, et le numéro incendiaire qui le renfermait avait depuis longtemps été *où vont toutes les choses* quand paru, le 5 août, un deuxième article, incriminable au premier chef.

Eh bien ! ce dernier on le poursuivit, et, une fois en train, par une sorte de rétroactivité, on revint sur l'autre, un mois après, quand bien certainement plus personne n'y pensait.

Cette explication était nécessaire pour vous rassurer dans le cas où vous auriez la pensée que cet article avait produit à Lille l'effet qu'il a paru produire à l'audience sur M. le procureur-général.

Au reste, messieurs, je remercie ce magistrat d'avoir établi devant vous à raison de quelles circonstances cet article avait été composé. J'y reviendrai aussi en deux mots :

C'était lors du procès d'avril devant la chambre des pairs, un avocat, parlant de la justice en général disait : *la justice est égale pour tous, elle domine et les citoyens et les rois.*

Certes, cette pensée n'avait rien que de très-juste et de très-moral ; M. le président Pasquier, n'en jugea pas ainsi : il interrompit l'avocat, et d'une proposition théorique et générale, faisant une application spéciale et directe, il s'écria : *la personne du roi est inviolable ; il n'est justiciable d'aucun tribunal.* A cela que répondit l'avocat : semblable à ce philosophe de l'antiquité devant lequel on niait le mouvement et qui se mit à marcher, l'avocat cita l'exemple de Louis XVI.

Cet exemple, disons-le, en passant est venu fort à propos pour M. le procureur-général ; il lui a permis d'évoquer le spectre de la convention, les ombres de St. Just et de Robespierre ; pâle fantasmagorie, tactique usée, qui ne réussit plus auprès des jurés ; l'exécution de Louis XVI ! il y a là une question que je ne craindrais pas de discuter avec M. le procureur-général, mais ce n'est pas ici l'occasion., l'auteur de l'article lui-même convient que ce fut peut-être un crime ; et moi je vois facilement un crime, là où je vois du sang.

Jetons donc un voile sur ce déplorable événement et revenons à M. Pasquier.

Ces paroles qu'il prononça au milieu de la chambre des pairs, furent entendues de la France entière, elles parurent à un écrivain assez graves pour mériter d'être démenties, et l'article fut composé.

Vous le voyez, messieurs, s'il y a quelque chose d'irritant dans la question, ce n'est point à la témérité de l'écrivain qu'il faut s'en prendre ; mais à la légèreté de celui qui fut pour ainsi dire le provocateur.

C'est qu'en vérité, messieurs, il est difficile de garder le silence quand on entend un personnage comme M. Pasquier proclamer tout haut un principe auquel il ne croit point ; car il est impossible que M. Pasquier croie à l'inviolabilité royale.

Voyez-le donc, messieurs, préfet de police sous Napoléon, *inviolable.* Voyez-le ensuite, sous Louis XVIII, toujours préfet de police, et, après la déchéance de l'empereur à laquelle il concourut, contresignant, en cette qualité, l'ordre donné par les cosaques de descendre de la colonne le Napoléon de bronze.

Ce n'est pas tout : voyez-le occupant une haute dignité sous Charles X, puis, sous Louis-Philippe, déclarant, comme président de la chambre des pairs, déchu du trône ce même Charles X, *inviolable........* Non M.

Pasquier ne croit pas à l'inviolabilité royale d'une manière absolue ; car il est honnête homme et un honnête homme n'agit pas autrement qu'il ne pense.

Je puis donc, à mon tour, à l'opinion de M. Pasquier proclamée à la chambre des pairs, opposer l'opinion de M. Pasquier proclamée par tous ses actes politiques, et, si l'opinion de M. Pasquier peut être une autorité pour MM. les jurés, ils choisiront.

A part les quelques lignes qui concernent M. le président de la chambre des pairs, l'article incriminé contient une énonciation générale, théorique du principe posé.

Ce principe quel est-il?

On le trouve dans le dernier paragraphe de l'article. L'auteur, en bon logicien, a résumé dans sa péroraison la substance de son œuvre :

» Pour nous, qui ne sommes ni pairs de France, ni serviteurs aux gages
» d'aucun pouvoir, nous dirons que la personne des rois n'est inviolable
» que tant que le peuple ne se lève pas pour les juger et les frapper, en
» punition de leurs crimes.»

Ainsi donc, dans l'opinion de l'auteur de l'article, les rois ne sont inviolables et non justiciables que tant que la constitution subsiste. C'est une vérité que nous maintenons et que nous trouverons confirmée par les leçons de l'histoire, par la saine interprétation des constitutions, et par des autorités irrécusables.

M.ᵉ Legrand établit les principes en vertu desquels régnent les rois : *Légitimité et souveraineté populaire.* Il développe ces principes, démontre que la volonté du peuple se manifeste soit par une donation, comme il est arrivé à l'empereur Auguste, en vertu de la loi *Regia,* et dans le siècle dernier, au roi Frédéric, dans les mains duquel les états de Danemarck remirent le pouvoir absolu ; soit par un contrat synallagmatique qui s'établit entre le peuple et le roi, dans lequel contrat sont stipulées des obligations réciproques, comme il arrivait aux états d'Arragon où les députés disaient aux monarques : *Respectez nos franchises, et vous serez roi ; sinon , non.*

M.ᵉ Legrand énumère les cas nombreux de dépositions royales et de jugemens de souverains sous la première et la seconde race de nos rois ; il cite don Henri de Castille, Jeanne de Naples, don Alphonse de Portugal, Conrad, roi des Romains,.

l'empereur Henri IV, l'empereur Adolphe, le roi Venceslas, Christian de Danemarck, et un grand nombre d'autres princes punis par leurs peuples.

Comment, s'écrie ensuite l'avocat, quand nous voyons des rois légitimes chassés et jugés, comment soutiendrait-on qu'ils ne puissent l'être sous l'empire de la souveraineté populaire ; alors surtout que les rois ont violé leurs sermens ; alors qu'ils ont encouru soit la résolution, si le contrat qui les unit au peuple a été synallagmatique, soit la révocation pour cause d'ingratitude, s'ils jouissent de la couronne à la suite d'une donation ? Car il y a aussi, ajoute l'avocat, un article 951 pour garantie de la reconnaissance royale.

Mais, dira-t-on, dans les constitutions qui forment le pacte entre le peuple et le roi, on a expressément stipulé *l'inviolabilité*. Sans doute : les rois légitimes, eux, protégés par le respect superstitieux des peuples n'en avaient pas besoin ; pas plus que Dieu n'avait besoin du décret de Robespierre qui voulut bien reconnaître son existence. Mais cette inviolabilité dont on parle, entendons-nous un peu sur sa portée, sur son étendue, là est la principale question ; j'allais dire là est toute la question.

Toutes les constitutions depuis 89 contiennent cette formule : *La personne du roi est inviolable et sacrée.* Aucune ne la définit.

M. le procureur-général n'a pas non plus songé à nous dire en quoi elle consistait ; c'était pourtant bien important : faut-il ici comme cela se pratique en droit civil, quand la loi est peu claire, s'en rapporter à la jurisprudence ? On conviendra que la jurisprudence des peuples ne fut guère favorable aux rois. Louis XVI, Napoléon, Louis XVIII, Charles X, tous protégés par la *salutaire* doctrine de l'inviolabilité, ont dû, dans les fers ou dans l'exil, conserver une médiocre idée de la garantie qu'elle leur assurait.

La constitution de 1791, dans le projet qui fut présenté à l'assemblée nationale, ne contenait rien à cet égard ; ce fut dans la séance du 17 septembre, que, sur la proposition de M. de Clermont Tonnerre, l'inviolabilité royale fut décrétée, et il faut le dire, avec enthousiasme et par acclamations : deux ans plus tard la convention se demandait si elle avait le droit de juger Louis XVI et elle répondait affirmativement.

Napoléon dédaigna de faire entrer dans le sénatus-consulte qui lui déféra la couronne la mention de son inviolabilité. Son épée lui semblait une garantie suffisante, et son épée ne l'empêcha pas d'aller reposer sa tête glorieuse sur le rocher de Ste.-Hélène.

Louis XVIII, tout légitime qu'il se prétendait, stipula néanmoins son inviolabilité ; et un an après il était à Gand.

Charles X profita comme son frère de cette inviolabilité écrite dans la charte de 1814 ; et vous savez où est Charles X.

L'histoire, même contemporaine, est-elle donc à ce point oubliée qu'on nous fasse aujourd'hui un procès pour avoir dit que ce qui est arrivé hier pourrait arriver demain ? Mais depuis quand la prévoyance est-elle un crime ? Et parce que l'arbre de notre jeune royauté pousse droit et vigoureux, est-il défendu de montrer du doigt les débris des arbres qui gisent à côté frappés par la foudre ?

Voilà donc comment l'inviolabilité royale est traitée dans la pratique de l'histoire : examinons-là maintenant dans la théorie du droit, interprétons les constitutions.

Auparavant, Me Legrand, pour montrer comment cette doctrine de l'inviolabilité est appréciée dans un royaume voisin, dont la liberté comme la royauté est fille de la nôtre, rappelle les débats qui eurent lieu en Belgique, lors de la discussion de la constitution. Il cite l'opinion, de M. Vilain XIIII, aujourd'hui gouverneur d'une province, opinion hostile à l'inviolabilité.

Me Legrand cite également un passage d'un écrit fort remarquable de M. Carné, inséré dans la *Revue des Deux-Mondes*, à l'époque où le numéro de l'*Écho du Nord* fut poursuivi.

Nous n'allons pas si loin que les orateurs dont nous venons de parler, ajoute Me Legrand, nous reconnaissons l'inviolabilité comme principe, comme garantie d'ordre et de tranquillité, mais nous la bornons, nous la renfermons dans des limites raisonnables.

En un mot, nous disons : l'inviolabilité n'est pas générale, absolue; elle est relative.

L'inviolabilité générale c'est celle qui, prenant sa source dans le droit divin, fait participer le prince de la nature de Dieu; qui protège le roi, non seulement comme homme, mais comme monarque, et laisse son trône intact, au milieu des débris de l'empire, comme une colonne auguste et éternelle à laquelle on doit toujours chercher à rattacher la chaîne rompue par une révolution.

Cette inviolabilité c'est celle que les défenseurs des ministres invoquaient en faveur de Charles X, et qui, si elle était proclamée par le ministère public devrait avoir pour résultat le rappel de Charles X.

La logique ordonne le monde : on ne peut échapper à cette conséquence que je viens de déduire qu'en reconnaissant avec moi, qu'il est une autre espèce d'inviolabilité, que j'appellerai volontiers relative, en ce qu'elle est subordonnée au maintien de la constitution, inviolabilité qui protège le monarque, et comme homme et comme monarque, mais seulement tant que le pacte existe.

Relisez notre article, nous n'avons pas dit autre chose.

Quel est en effet le principe que nous avons posé ? La personne des rois est inviolable et sacrée..... Voilà la règle. Voici maintenant l'exception : Tant que les peuples ne se lèvent pas pour les chasser en punition de leurs crimes.

Cette opinion n'est-elle pas conforme au bon sens et à la loi ? Nous n'avons pas attaqué l'inviolab lité garantie par la charte, nous n'avons fait que la combiner avec la souveraineté populaire, qui, nous l'espérons bien, a aussi sa place dans la table de nos droits ; nous l'avons payée assez cher.

Nous avons vu que ces mots : *La personne du roi est inviolable et sacrée* qui se trouvent dans l'art. 12 de la charte de 1830, se retrouvent identiques dans la constitution de 1791, où ils semblent avoir été littéralement copiés. Leur signification, leur étendue, leur portée doit donc être les mêmes dans les deux constitutions ; or, sous la constitution de 1791, l'inviolabilité était-elle générale, absolue ? — Non : les articles 5, 6 et 7 prévoyaient des cas d'abdication et de déchéance; elle ne s'appliquait donc qu'au temps où le roi conservait sa couronne. Il en doit être de même sous la charte de 1830 qui consacre aussi la souveraineté populaire ; charte révisée par les mêmes hommes qui venaient de proclamer la déchéance de Charles X. Il est impossible de supposer que les députés aient voulu accorder un brevet d'immortalité à la jeune royauté qu'ils élevaient sur le pavois, alors qu'ils apercevaient encore aux Champs-Élysées les bannières blanches de la vieille royauté qui s'en allait à Cherbourg.

En déclarant que la personne du roi était inviolable et sacrée, on a voulu, sous la constitution de 1791 comme sous la charte de 1830, garantir le roi des attaques, qui, même dans le jeu normal des rouages de la machine constitutionnelle, pourraient journalièrement l'atteindre; on a voulu qu'aucun autre pouvoir ne pût s'arroger le droit de le juger; on a voulu plus peut-être : on a pensé que, comme la femme de César, le roi ne devait même pas être soupçonné, et l'on a proclamé cette maxime *qu'il ne pouvait mal faire.* N'est-ce pas, messieurs, une garantie suffisante, une protection assez belle, que cette impunité, qui, tant qu'un homme est roi, vient couvrir d'un voile ses fautes comme homme, et fait remonter aux ministres ses fautes comme roi; car le correlatif obligé de l'inviolabilité royale, c'est la responsabilité ministérielle ? Les ministres, comme l'a dit, dans je ne sais quel procès politique, un spirituel avocat, ce sont des paratonnerres placés auprès du chef de l'état, pour détourner et attirer à eux les foudres populaires.

Et cette inviolabilité d'ailleurs ne s'applique pas seulement au roi, elle s'applique aussi aux pairs et aux députés : eux aussi sont inviolables tant que dure la session. Il y a entr'eux et le roi cette différence que le roi est toujours en session.

Nous le répétons : l'inviolabilité c'est le principe ; mais ce principe est subordonné à une condition : le maintien de *l'ordre de choses*, passez moi l'expression ; il disparaît, comme Romulus au milieu de la tempête, quand éclate la foudre d'une révolution. Oh ! n'allez pas croire que cette révolution nous cherchions à l'attirer, nous autres jeunes hommes ! nous n'en avons encore vu qu'une et nous en avons assez. Le spectacle que nous avons sous les yeux est plutôt fait pour exciter des regrets que pour encourager des espérances : que voyons-nous ? — Dans la disgrâce les vrais amis de la liberté, et au pouvoir ses éternels ennemis, disputant avec les apostats à qui dévorera les fruits de cette révolution qui fut trois jours glorieuse.

Et M. Leleux pourquoi la voudrait-il plus que nous, plus que vous, cette révolution qu'on lui reproche de vouloir hâter ? Qu'y gagnerait-il plus que vous, lui, propriétaire, électeur, éligible, père de famille ? On vous parlait hier d'émeute, et de vos devoirs comme gardes nationaux ; si l'émeute levait la tête à Lille, certes, M. Leleux, capitaine de la garde nationale, descendrait sur la place, mais à la tête de sa compagnie et pour le maintien de l'ordre. — Non, pas de révolution ! toutefois que le principe de la révolution populaire ne soit pas considéré comme un principe stérile, impuissant à produire désormais aucun fruit ; que semblable à l'épée de Damoclès, il menace toujours la tête des rois.

Autrefois les prédicateurs, qui comprenaient l'importance de leur noble mission, montraient à leurs augustes auditeurs les mauvais rois plongés dans les ténèbres de l'enfer. Fénélon, écrivant son livre immortel pour l'éducation du duc de Bourgogne, conduit Télémaque dans les profondeurs du Tartare, où gémissent les mauvais rois, au milieu de supplices inouis.

Aujourd'hui que nous vivons dans un siècle positif où les rois ne craignent plus l'enfer, c'est le peuple qu'il faut leur faire voir toujours prêt à chasser les princes qui violent leurs sermens et détruisent les libertés.

Cet enseignement, confirmé par des exemples récents, est un frein salutaire ; ils apprendront, les rois, que l'inviolabilité la plus certaine c'est l'amour de leurs sujets.

Ainsi, notre proposition est justifiée par les leçons de l'histoire, par la lettre et l'esprit de la charte ; s'il lui manquait une sanction puissante nous la trouverions dans les passages suivans du discours de M. le garde des sceaux, portant la parole comme procureur-général dans l'affaire de M. de Kergorlay devant la chambre des pairs. . . . . .

«Si M. de Kergorlay avait lu le préambule de la charte, disait M. Persil, »il aurait appris que le roi avait été élu, et la charte faite en vertu de la »nécessité qui résultait des événemens de juillet, et de la situation »générale où la France s'était trouvée placée à la suite de la violation de »la charte de 1814; il y aurait vu que la souveraineté du peuple érigée »en principe, avait autorisé *à déclarer vacant* un trône qui n'avait su ni »se soutenir ni se défendre. . . . .

»Il y aurait appris que par suite de cette souveraineté populaire la »France était rentrée dans *le droit naturel* de se choisir un chef, et de lui »dicter les conditions sous lesquelles elle consentait à le placer à sa tête. »Voilà le droit en vertu duquel le roi a été élu et la charte rectifiée : *droit* »*imprescriptible,* sous l'empire duquel toutes les nations se sont formées, »et *qu'elles ne peuvent pas perdre* en vieillissant, et à mesure qu'elles font »des progrès dans la civilisation. . . . .

»Voilà la véritable légitimité, celle que les rois doivent ambitionner; »elle ne procède pas d'une communication mystérieuse avec la divinité » que, dans des temps d'ignorance, il a fallu supposer pour imposer aux » peuples. Le mensonge et la superstition ne réussiraient plus ; *c'est de la* »*vérité qu'il faut de nos jours* et la vérité n'a pas manqué à l'élection du » roi des français . . . .

»On l'a dit depuis long-temps *les peuples ne sont pas faits pour les rois,* »*c'est le contraire :* Quand un roi manque à ses engagemens, quand il »déchire le contrat ou exprès ou tacite, fait avec son peuple, celui-ci »rentre dans tous ses droits par la résiliation du pacte; si le peuple le »laisse tomber ou s'il dispose de la couronne, ce n'est pas là de la vio- »lence c'est tout simplement de la justice.

»Telle est l'élévation à laquelle notre vénération place les rois, que »nous paraîtrions les ravaler et manquer nous-mêmes de dignité en »comparant le contrat qu'ils forment en montant sur le trône avec ceux » que font journellement les particuliers pour le plus mince objet, *cepen-* »*dant ce n'est pas autre chose :* les chartes, les constitutions sont des actes »réciproques qui lient aussi bien le souverain que les peuples et qui »renferment une clause résolutoire tacite, en cas d'infraction. On nous »demandera sans doute à qui appartiendra le droit de constater la violation »et de juger du moment où commencera pour le peuple *le droit de faire* »*descendre le souverain de son trône?* A. LA RAISON PUBLIQUE, à ce tribunal

» auguste que l'on sent et que l'on trouve partout, à cette autorité
» infaillible à laquelle il n'est pas permis de résister parce qu'elle est le
» résultat de la conscience et pour ainsi dire de l'organisation humaine.

» Lorsque le premier roi de la troisième race monta sur le trône, ses
» enfans n'avaient encore aucun droit à la couronne de France; ce fut en
» la prenant du consentement tacite du peuple, qu'il leur en acquit, *non de*
» *perpétuels et d'irrévocables;* mais de subordonnés à sa conduite, mais de
» *résolubles.* Le père les avait acquis par son courage et son habileté; il
» pouvait les perdre par son imprudence *et sa mauvaise foi.*

» Quant à l'inviolabilité du monarque, distinguons : la charte assure
» *l'inviolabilité de la personne* et non *l'inviolabilité du droit,* qu'il eut été
» absurde de mettre au-dessus de tout évènement. »

Ces passages, littéralement extraits du discours de M. Persil,
résument tout ce que nous avons dit sur la souveraineté du peuple et
sur la nature des rapports qui existent entre lui et le monarque.

Vous arrêterez-vous, MM. les jurés, pour attacher plus de criminalité
à notre proposition qu'à celle de M. Persil, à l'interprétation que ce
magistrat donne à l'article de la charte qui, selon lui, garantit la *personne*
et non le *droit*, distinction subtile que nous, nous n'avons pas faite ?

Nous disons qu'envers Charles X, l'inviolabilité n'a pas été plus
respectée à l'égard de sa *personne* qu'à l'égard de son *droit*, et nous
maintenons qu'on a pu agir ainsi : n'est-ce point un véritable jugement
que le peuple a rendu contre lui en ordonnant son exil ? N'est-ce
point une véritable exécution et par conséquent une violation de la
personne que cette expulsion forcée, la fourche dans les reins ?....

Répétons-le avec M. Persil, c'est de la vérité qu'il faut de nos jours,
le règne des fictions est passé; Fontenelle disait que s'il avait la main
pleine de vérités, il se garderait bien de l'ouvrir. Journalistes, comprenez-
mieux que Fontenelle l'importance de vos devoirs, répandez sans crainte
les vérités à pleine main : la vérité n'a jamais fait que du bien; l'erreur
seule a causé tous les malheurs des peuples.

Galilée fut contraint par l'inquisition à rétracter sa démonstration
du mouvement de la terre, qui gênait un peu le miracle de Josué,

> Il expia par trois ans de prison
> L'inexcusable tort d'avoir trop tôt raison.

Il mourut de honté et de chagrin.

Et pourtant, la terre tourne, et la religion a-t-elle souffert de la théorie
du grand homme? est-elle aujourd'hui moins florissante et moins respectée?

Je m'arrête. Mais en terminant il me sera permis d'établir un
rapprochement qui du reste vous aura frappé, entre M. Leleux et un
écrivain de la presse périodique de Paris, M. Cauchois-Lemaire. Comme

M. Cauchois-Lemaire, M. Leleux fut un des journalistes les plus dévoués aux doctrines libérales sous la restauration ; comme lui, il fut condamné à une peine sévère pour avoir prédit et peut-être appelé de ses vœux la haute fortune de la famille d'Orléans ; comme lui, depuis la révolution, il sut commander, durant cinq années, le respect du pouvoir qui persécutait les autres organes de la presse ; comme lui enfin, il fut atteint par le système de terreur qui suivit l'attentat Fieschi.

M. Cauchois-Lemaire traduit devant la cour d'assises de Paris, fut acquitté. Vous acquitterez M. Leleux, et votre verdict, comme celui du jury parisien, sera accueilli avec plaisir par tous les amis d'une liberté sage et modérée.

Cette plaidoirie, dans laquelle M.ᵉ Legrand a su traiter avec logique et clarté les différentes questions constitutionnelles que présentait le procès, a constamment captivé l'attention du jury.

M. le procureur-général réplique immédiatement.

Se plaçant dans le cercle où M.ᵉ Legrand avait ramené la discussion, il soutient que l'intention de l'auteur de l'article a été, de poser en principe que le roi était violable. Il puise ses argumens dans les premiers passages de l'article, regardant l'alinéa de la fin, que M.ᵉ Legrand avait considéré comme renfermant le résumé des opinions de l'auteur, comme un échappatoire adroitement placé pour se soustraire aux incriminations de l'accusation.

M.ᵉ Ledru replique à son tour et s'exprime ainsi :

Messieurs les jurés,

Voici deux jours que je regarde, que j'écoute : et, je ne sais si je rêve ; mais je ne comprends rien à ce que j'ai vu et entendu.

Hier, il y avait là, ce me semble, à la place de M. l'avocat-général, un magistrat qui venait, disait-il, défendre les principes de la révolution de juillet contre la légitimité ; aujourd'hui, du même siège s'élèvent des paroles accusatrices contre nous, hommes de juillet.

Que signifie tout cela ? Voyons, pas de détours. Qui êtes-vous ? Car il ne s'agit pas de venir réclamer l'amende et la prison, un jour contre les uns, le lendemain contre les autres : je veux connaître votre nom, vos titres, votre foi.... — Encore un coup qui êtes-vous ? répondez !
(*Profond silence.*)

Non, vous ne répondrez pas : je le sais, car vous n'êtes ici le représentant d'aucun principe.

En effet, MM. les jurés, ne croyez pas que l'article incriminé soit la cause du procès actuel : il n'en est que le *prétexte*. Le motif réel M. l'avocat-général ne vous l'a pas dit ; mais je vous le dirai, moi.

Il fallait après l'attentat de juillet frapper d'effroi tous les écrivains : le parquet de Douai a essayé aussi sa petite terreur ; voilà toute l'explication de ces poursuites qui, diverses dans leurs moyens, ont néanmoins pour résultat final l'asservissement de la presse, qui ne consent pas à s'avilir.

La date seule prouve ce que j'avance : l'article incriminé est du 26 juillet ; le réquisitoire du parquet est du 28 août. Ainsi pendant plus d'un mois le département du Nord avait été bouleversé par de mauvaises doctrines, et le mal était si grand que personne ne s'en était aperçu, pas même M. le procureur-général. (*On rit.*)

Mais le 28 août c'était le moment de faire de la force : les terribles lois étaient votées, le télégraphe intimait à tous les procureurs-généraux de France des ordres impitoyables ; et c'est ainsi, que par une rétroactivité, aussi peu conforme à la loi qu'à la plus simple équité, on a traîné M. Leleux devant les assises.

Mon honorable confrère a fait remarquer avec raison que l'article incriminé avait été poursuivi tardivement et il en a tiré la preuve qu'il n'était pas bien dangereux : on a cru répondre que ce défaut de poursuites était dû à la tolérance de M. le procureur-général qui avait voulu voir si M. Leleux n'avait pas péché par distraction ; mais qu'un nouvel article également coupable avait obligé à sévir.

Messieurs, je ne répondrai qu'un mot à cette obligation, c'est que la tolérance de M. le procureur-général se manifeste en ce moment par cinq procès de presse en deux jours ; (*on rit*) c'est là une longanimité qui ne le compromettra certainement ni auprès de M. Persil, ni même auprès de M. Martin du Nord, dont le barreau de cette cour a doté la capitale. (*On rit.*)

Quoiqu'il en soit, il faut dans une affaire de presse considérer non-seulement l'article en lui-même, mais les circonstances dans lesquelles il a été écrit ; or, il m'importe de signaler ici une lacune dans le réquisitoire de M. l'avocat-général.

Il semblerait à l'entendre que M. Leleux ou l'auteur de l'article se soit mis à l'œuvre pour rédiger sans motif un traité *ex professo* sous le titre *inviolabilité royale*, et qu'il se soit plu à émettre par fantaisie, des doctrines plus ou moins hardies, sur cette question.

Il n'en est pas ainsi et j'ai besoin de vous rappeler ce qui s'est passé. Cette excursion d'ailleurs a bien son petit intérêt.

MM. les jurés, vous connaissez M. Pasquier..... Tout le monde connait M. Pasquier, aujourd'hui président de la cour des pairs, ancien préfet de police, ancien ministre de la police, ancien ministre de l'intérieur, ancien ministre des affaires étrangères, ancien ministre de la justice, *et cætera, et cætera. (Rire général.)*

M. le Président : Je déclare au public que je ferai sortir immédiatement les interrupteurs.

M.^e Ch. Ledru continue :

Or, messieurs, M. Pasquier présidant une des dernières séances de la première section, de la seconde catégorie du complot un et indivisible du mois d'avril, eut, par distraction sans doute, la malheureuse idée de rappeler à l'ordre un avocat qui émettait la vérité la plus triviale de toutes les vérités de ce monde : c'est-à-dire que *la personne des rois n'est pas inviolable ;* et, à cette occasion, l'imperturbable président improvisa *sur l'inviolabilité* une petite théorie qui, malgré le respect que je porte à sa haute dignité, est bien la plus absurde des inventions modernes. *(On rit.)*

Tout naturellement la presse répondit à M. le président : les uns en style sérieux, les autres en style plaisant, ce qui valait mieux, à mon avis, dans la circonstance.

Or, le bureau central de correspondance pour les journaux de départemens ne laissa pas échapper l'occasion de rétablir les vrais principes, attaqués d'une manière si étrange, et de là l'article dont nous avons à nous occuper.

L'auteur, qui probablement a fait sa philosophie, s'est servi dans la discussion de ce que les docteurs appellent *argumentum ad hominem.*

C'est M. Pasquier qui avait voulu établir la théorie de l'inviolabilité ; il prend donc M. Pasquier corps à corps et lui dit : « que parlez-vous » d'inviolabilité, vous, M. Pasquier ?... Y songez-vous ? Vous plaisantez... » n'est-ce pas, car s'il m'en souvient, vous êtes bien le M. Pasquier de » l'empire ? Le M. Pasquier de Louis XVIII ? Puis de Napoléon ? Puis de » Charles X ? Puis de Louis-Philippe ? Puis..... Non. Pas encore. *(On rit.)* »

Voilà, messieurs, le sens et la pensée première de l'article, une critique plus ou moins spirituelle, plus ou moins fondée, mais une simple critique de M. Pasquier connu sous la restauration sous le nom très flatteur pour lui de ministre *inévitable.*

De la personne l'auteur est arrivé à la *chose,* c'est à dire à l'examen de la question de l'inviolabilité : mais à vrai dire M. Pasquier et ses antécédens étaient le *principal,* et la question théorique *l'accessoire.*

2

Au reste, messieurs, il n'y a rien qui fasse mieux comprendre les principes que les exemples. C'est pourquoi il était non seulement légal, mais très-rationnel de la part de l'auteur de réfuter M. Pasquier par M. Pasquier lui-même, exemple vivant de la fausseté de sa théorie.

En effet, si la doctrine de l'inviolabilité royale était vraie, M. Pasquier n'eût pas abandonné Charles X en 1830 et surtout Napoléon en 1814.

A la rigueur, à l'égard de Charles X il aurait peut-être une excuse ; car, après tout, entre la légitimité et la quasi-légitimité il n'y a pour les uns qu'un *quoique*, pour les autres qu'un *parce que*, et j'avoue que la confusion se conçoit. *(On rit.)*

Mais à l'égard de Napoléon.... pas d'excuse possible, car ce grand homme lui avait témoigné tant d'estime et d'attachement, que si M. Pasquier s'est cru délié de toute fidélité et de toute reconnaissance envers sa personne, il n'a pu en agir ainsi que parce que, français avant tout, c'était pour lui un devoir d'immoler son cœur à sa conscience.

J'ai parlé de l'estime de Napoléon pour le descendant des Pasquier : je prouve ce que j'ai avancé.

Tout le monde se rappelle la tentative de ce hardi conspirateur qui de son cachot de la Force conçut le projet de renverser à lui seul, à l'aide d'un caporal et de quelques soldats, le trône du vainqueur d'Austerlitz et d'Iéna. On se rappelle aussi combien Napoléon était jaloux de voir entourer de respects son autorité souveraine et celle des délégués de sa puissance.

Or, messieurs, c'est précisément sous l'administration de M. Pasquier, qu'eut lieu la conspiration de Mallet, c'est-à-dire que la police fut mystifiée d'une façon qui restera éternellement le modèle du genre.

Il ne s'agissait pas ici, comme sous M. Gisquet, d'une évasion de vingt-huit personnes par un souterrain. Ce ne serait rien : car si la police surveille les prisonniers, eux de leur côté surveillent à bon droit la police, et, quand l'espion s'endort, le génie de la liberté veille en faveur du pauvre prisonnier.

Mais le préfet de police de l'empire, *pris et arrêté* dans son hôtel, au milieu de ses gens, de sa maréchaussée, de ses légions, à sept heures du matin, voilà qui n'est pas ordinaire ! Et par quel coup de main, devant quelles forces la citadelle des secrets de l'état avait-elle été surprise ? Tout cela, messieurs, était l'ouvrage d'un *caporal d'infanterie*, qui, le bonnet de police sur l'oreille, était venu sans se faire annoncer jusqu'à la chambre à coucher de M. Pasquier. Si au moins M. Pasquier s'était présenté à l'ennemi, comme les sénateurs romains à Brennus, assis sur sa chaise curule, la dignité de l'empire était sauvée..... Mais non, dans son trouble le représentant de Napoléon était allé , par une porte secrète, se tapir.... chez *un apothicaire*. *(Rire général.)*

M. le Président Vanvinck , avec dignité : Toutes marques d'approbation ou d'improbation sont formellement interdites; je ferai *évacuer* la salle si ce scandale se renouvelle.

M.^e Ch. Ledru continue gravement :

Oui, messieurs, chez un apothicaire, dans l'arrière-boutique, dans le trou.... au charbon ! C'est là que gisait le préfet impérial , et encore, messieurs, ce n'est pas le plus sanglant affront qu'ait reçu Napoléon sur la joue de M. Pasquier..... car ici l'outrage avait lieu à *huis clos*, et le pharmacien par état est naturellement discret. *(On rit.)*

Mais à la porte de l'hôtel point de fiacre : il faut néanmoins partir..... C'est alors, messieurs, que, faute de mieux, un coucou dont le cocher buvait au cabaret voisin , dût servir à conduire à la Force le descendant des Pasquier, *qui tous ont porté la robe,* et qu'on vit le premier magistrat de la grande ville se conduisant lui-même en prison, (1) au milieu de la foule ébahie !

Napoléon ne fit pas décapiter M. Pasquier : il le condamna tout simplement à percevoir, comme par le passé, ses appointemens de préfet. Certes, messieurs, voilà un trait de clémence qui n'a pas son pareil dans l'histoire. Eh bien, comme je vous le disais, malgré tant de titres à la reconnaissance de M. Pasquier, Napoléon a mérité en 1814 que son préfet reprît les sermens qu'il lui avait prêtés et présidât, toujours en la même qualité, mais pour d'autres maîtres, à la descente de la statue qui, du haut de la colonne, épouvantait encore les ennemis de la France. *(Sensation.)*

A présent, MM. les jurés , je vous le demande de bonne foi, l'auteur de l'article a-t-il eu tort de dire qu'il comprend à peine que l'auditoire de la cour des pairs n'ait pas *ri au nez de M. le président?* Certainement si l'apothicaire se fut trouvé là , il lui eut jeté en *plein visage* un rire inextinguible, et moi aussi, et vous tous , MM. les jurés, car en conscience on ne peut tenir son sérieux en présence de tout ce fracas de belles théories , quand ont met à côté de cela l'anecdote historique qu'il était de mon devoir de vous rappeler.

Ainsi donc , messieurs , vous connaissez l'*intention* de l'article.

J'ajouterai avant d'examiner au fond et en droit le mérite des principes qui y ont été émis *accessoirement*, une réflexion importante.

---

(1) Attendu que le caporal ne savait pas conduire et que le cocher était resté au cabaret , c'est M. Pasquier qui prit les rênes et se conduisit en prison.

Quel mal a produit dans le département du Nord , le numéro incendiaire qu'on signale à votre justice ? M. l'avocat-général ne nous a rien appris à cet égard. Ce qui est certain , c'est que cet article serait oublié depuis long-temps , si messieurs du parquet n'avaient pris la peine de l'exhumer pour lui donner tout l'éclat d'une discussion solennelle. Je puis même affirmer en honneur, qu'au moment de son apparition , il n'a pas causé le moindre trouble. Les bourgeois de Lille sont gens de poids. (*On rit.*) Ce n'est pas une mer facile à agiter au souffle des mauvaises doctrines. Les plus grands mouvemens qui s'opèrent parmi cette belle population , ont lieu surtout dans le cours des graines oléagineuses ; et à part les révolutionnaires en matière de procédés pour fabriquer le sucre indigène , ou filer le lin à la mécanique , la ville de Lille a la réputation d'être essentiellement pacifique.

Ceci est déjà rassurant pour un journaliste à qui on vient demander compte des poisons qu'il a mis en circulation. Ainsi , messieurs, quand j'ai vu que la péroraison de M. l'avocat-général ne réclamait pas justice au nom de la société *ébranlée* , j'ai été tout-à-fait sans inquiétude.

Il en est tout autrement lorsque le ministère public peut s'armer contre un écrivain de malheurs récens , qui bien souvent n'ont aucun rapport avec l'article incriminé , mais qui néanmoins produisent en général un grand effet sur le jury. Que répondre en effet à un orateur qui sollicite une condamnation au nom de la cité en deuil , des veuves et orphelins qu'a faits la sédition ?

A cette audience , si M. l'avocat-général avait voulu avoir recours au grand ressort de la *prosopopée* , il aurait été obligée de vous parler ainsi : « Au nom du calme qui règne à Lille et dans tout l'arrondissement, je » vous prie , messieurs, de condamner M. Leleux ! » L'argument eût été mauvais : c'est pourquoi nous n'avons pas eu de prosopopée. C'est aussi la preuve acquise dès à présent que l'article est innocent.

Je vous ai démontré par des raisons assez solides , j'espère , mais *extrinsèques* la non culpabilité de l'article. J'arrive à l'examen de la question de l'*inviolabilité royale*, en elle-même.

«Vous avez dit que la personne du roi n'était pas inviolable : la charte dit le contraire : donc , vous êtes criminel. » Voilà le syllogisme de l'accusation.

Je ne sais, messieurs, ce que signifient ces hommages un peu tardifs à la charte. Est-ce par hasard que les violations de cette pauvre charte deviendraient des délits ? Mais depuis quand ? Cela ne peut-être ; car si le zèle de MM. les gens du roi voulait s'exercer sur ce terrain, ce n'est pas M. Leleux qui devrait figurer sur ces bancs , mais le ministère tout entier , et le président du conseil en tête.

Si la charte dit que la personne du roi est inviolable, elle dit aussi que les délits de la presse tous seront *jugés par le jury, et que, sous quelques dénominations que ce soit, les tribunaux d'exception ne pourront être rétablis.*

Or, le ministère vient d'escamoter, au milieu de l'effroi qui a suivi l'attentat du 28 juillet, une législation qui *supprime* votre juridiction, quand et comme il plaira à MM. les nobles pairs.

Je ne cite que cet exemple, parcequ'il est palpitant, mais j'en citerais dix autres qu'un des habitans du Pas-de-Calais vient de signaler dans une charmante petite édition du *pacte-vérité*, que j'ai entre les mains. Elle est de l'invention d'un habitant de St.-Omer qui a trouvé un moyen fort ingénieux de crier à la violation de la charte sans se compromettre. Il s'est contenté de transcrire en caractères italiques, tous les articles dont la virginité a été entamée..... Or, M. l'avocat-général qui nous reproche d'avoir outragé un article de la charte, peut s'assurer par ses propres yeux, que le ministère, serait, en admettant son hypothèse, dix fois plus coupable que M. Leleux. Voici la brochure. Je vais vous la faire passer, et vous y verrez qu'il en est de la charte-vérité comme de sa sœur aînée. Cependant on ne poursuit pas MM. Guizot et compagnie. Je comprends que la situation est délicate pour M. le procureur-général : au moins devrait-on par égard pour leurs excellences ne pas être trop sévère envers nous.

Quoiqu'il en soit, est-il même prouvé que l'article incriminé viole la charte ?

Je soutiens la négative.

La charte dit *que la personne du roi est inviolable et sacrée* : voilà le texte. Il a l'air clair, je l'avoue. En effet on a entendu dire : *La personne du roi est inviolable et sacrée*, et tous nous répétons cela comme des perroquets.

Je me charge de démontrer à M. l'avocat-général qui se croit si fort sur cet article, qu'il ne l'a pas compris du tout, ni dans son texte ni dans son esprit.

Ceci, messieurs, n'est pas une plaisanterie, et je le prouve.

D'abord que signifient les mots : *La personne du roi est sacrée.........* réfléchissez-y un moment, MM. les jurés, je vous en prie.

Après une légère pause, M.ᵉ Ledru continue :

Vous ne trouvez pas de sens à ces mots, messieurs, n'est-ce pas ? Et je vous en félicite : en effet ils n'en ont pas. Je le donne en mille à tous les procureurs-généraux de France et de Navarre. Il n'y en a pas un qui résoudra le problême.

Nous aurions donc, dans le système de l'accusation, méconnu un article de la charte dont la moitié n'a pas de sens. Ce ne serait tout au plus qu'un demi-délit.

Premier point.

Toutefois, pour être juste, je dois avouer que ces expressions qui ne veulent rien dire aujourd'hui, ont voulu dire quelque chose autrefois, quand la royauté n'était pas, selon la définition spirituelle de notre confrère Lalloux, (1) dans sa plaidoirie d'hier, *une simple statue creuse, posée dans une niche, et dans l'intérieur de laquelle se placent cinq ou six individus nommés ministres*, lorsqu'au contraire elle était représentée comme venue du ciel sur de magnifiques nuages, au milieu du tonnerre et des éclairs; alors, messieurs, la royauté était *sacrée*. Elle était céleste, divine, *sacro-sancta*. S. M. Louis Philippe n'a pas la prétention de descendre de si haut ni de si loin. Il est sorti tout bonnement de dessous les pavés des barricades, et il n'y a là rien que de très-humain. C'est même fort populaire.

Mais les députés de 1830 étaient si pressés de bâcler leur besogne, selon l'heureuse expression de M. de Châteaubriand, qu'en copiant la charte octroyée et divine, ils ont oublié d'effacer le mot *sacrée* qui ne veut plus rien dire dans la charte citoyenne.

Quant au dernier membre de l'article, il a une signification, mais M. le procureur-général a compris tout-à-fait à contre sens le mot *inviolable*.

Selon lui, en effet, M. Pasquier, qu'il ne faut pas perdre de vue dans ce procès, serait criminel de lèze-majesté au premier chef envers Napoléon, envers Louis XVIII et envers Charles X; car si leur personne était *inviolable* en ce sens qu'ils ne pussent être ni renversés du trône, ni jugés par le pays, le courageux président de la chambre des pairs n'aurait rien de mieux à faire que d'aller se constituer prisonnier au mont St. Michel, ce qui est absurde, vous en conviendrez !

Inviolable veut donc dire toute autre chose, et une chose toute simple, bien qu'elle ait échappé à la sagacité du parquet : ce qui prouve pour le dire en passant combien les magistrats devraient être réservés quand ils réclament des châtimens contre les erreurs en matière de théories politiques !

L'inviolabilité garantie à la personne du roi, s'entend, pour tous les hommes qui ont étudié la constitution, en ce sens que la personne du roi est inviolable vis-à-vis des grands pouvoirs de l'état, comme ceux-ci le sont envers le roi lui-même. Rien de plus, rien de moins. Je m'explique.

---

(1) Mᵉ Lalloux, avocat de Douai, plaidant pour l'*Emancipateur*, journal de Cambrai.

Quoiqu'on dise tous les jours que la chambre des députés, la chambre des pairs et la royauté sont parfaitement d'accord, il n'en est pas moins vrai que ces diverses branches du pouvoir législatif sont entr'elles dans un état permanent de lutte. Mais ces élémens divers se font la guerre de manière à ne pas se blesser. Telle est la théorie.

Par exemple, si la royauté est mécontente de la démocratie, qui est censée représentée par la chambre des députés, elle dissout la chambre. Arrivent de nouveaux élus. Ceux-ci à leur tour peuvent être mécontens du système royal ou ministériel, et en ce cas ils *serrent les cordons dè la bourse*, comme l'a dit énergiquement M. Dupin.

Enfin la chambre des pairs est aussi appelée à exercer une sorte de contrôle sur la marche du ministère. En général, elle n'est pas méchante. Mais il peut lui arriver aussi de ne pas marcher d'accord avec le système du gouvernement. C'est pourquoi le pouvoir royal qui a contre la chambre des députés la ressource de la dissolution, change la majorité de la pairie par un autre moyen. Une figure de rhétorique assez peu respectueuse, compare en ce cas la royauté à un fabriquant de brioches .... Car une nouvelle création de pairs s'appelle dans la langue politique, une fournée. (*Rire général.*)

Cette guerre que les diverses branches du pouvoir législatif se livrent entr'elles est permanente, vous disais-je ; mais malgré cela, les parties belligérantes sont tenues de ne jamais attenter à leur inviolabilité respective. Ainsi le pouvoir royal ne peut demander compte à un député de ses discours à la tribune : de même que sous aucun prétexte l'une des chambres ne pourrait mander le roi à sa barre.

C'est ce que la charte exprime en disant que la *personne du roi est inviolable*.

On le voit, mais ce qui fait l'inviolabilité du roi, ce n'est ni sa force physique ni sa force morale : c'est la constitution.

Qu'arriverait-il donc si le roi sortait de la constitution ? Telle est la question posée dans l'article incriminé, lequel la résout en disant qu'alors l'inviolabilité cesserait et que le roi serait justiciable du pays.

Mon honorable collègue vous a démontré et par la raison et par l'histoire, que la doctrine contraire était souverainement absurde : qu'à répondu M. l'avocat-général ? Il s'est perdu dans des déclamations éloquentes qui se résumaient à dire que l'article était séditieux, coupable et tout en demandant qu'il fût condamné, notre adversaire a été obligé d'avouer qu'un roi qui violait la constitution prononçait lui-même sa déchéance.

M. L'AVOCAT-GÉNÉRAL : Nous sommes parfaitement d'accord ; ainsi vous n'avez pas à discuter sur ce point.

M. Ch. Ledru : Nous sommes d'accord…. Oui, avec cette différence néanmoins que nous concluons à la mise en liberté de M. Leleux, et que le parquet veut l'envoyer en prison : à cela près il n'y a rien qui nous divise. *(On rit.)*

Toutefois, poursuit M. Ledru, je n'insiste pas, mais je dois répondre à une objection de M. l'avocat-général.

L'article serait innocent, a-t-il dit, si l'auteur avait posé en principe que l'inviolabilité royale cessait en cas de crime contre la constitution ; s'il s'était contenté de développer cette théorie par des raisons et des exemples. Au lieu de cela, on attaque *en général* la doctrine de l'inviolabilité royale ; on cite l'histoire à l'appui de cette thèse dangereuse et c'est seulement dans les trois ou quatre lignes finales qu'on dit : *Pour nous, nous dirons que la personne des rois n'est inviolable que tant que le peuple ne se lève pas pour les juger et les frapper en punition de leurs crimes.*

En vérité, messieurs, je ne comprends pas cette objection. L'article serait innocent si nous avions commencé par où nous avons fini et si nous avions fini par où nous avons commencé ! Et pourquoi ? Ce serait donc un délit de se conformer à toutes les règles de la grammaire et de la rhétorique ? Non, non ; M. Viennet lui-même, quoique partie assurément fort intéressée, n'est jamais allé jusque là. Il est encore permis, malgré les lois nouvelles, *de parler et d'écrire correctement.* Or, messieurs, que veut la rhétorique ? Que le résumé se place à la fin et non à l'exorde. Car un résumé est dans un article ce qu'est dans un discours la péroraison ; c'est-à-dire la partie qui doit rester gravée dans la mémoire du lecteur ou de l'auditeur.

Je sais bien qu'il n'y a pas de loi qui oblige les écrivains ou les orateurs à commencer par l'exorde et à finir par la péroraison *(on rit)*, mais je dis que c'est au moins un privilège de la presse de n'être pas tenu de manquer à toutes les règles de la logique. Or, écrire comme le veut M. l'avocat général, ce serait *atteler la charrue avant les bœufs.* *(On rit.)* Je vous le demande, messieurs, est-ce dans le département le plus agricole de France qu'on peut être coupable pour n'avoir pas attelé la charrue avant les bœufs ? *(On rit.)*…. On ne sait en vérité comment réfuter un pareil argument. *Atteler la charrue avant les bœufs*…. mais c'est là, passez-moi l'expression, c'est là une bêtise que ne ferait pas M. Bugeaud lui-même, le plus grand agronome de l'Europe. *(Explosion d'hilarité).*

M. l'avocat général qui est d'accord avec nous sur les principes a été condamné à se réfugier dans des subtilités pour expliquer les poursuites dont nous sommes l'objet ; mais il faut bien le dire, si notre contradicteur se refuse à soutenir une doctrine qui mettrait aux pieds d'une royauté parjure tous les droits de la nation, sa loyauté qui lui fait honneur le recommandera très mal auprès de ceux qui ont fait ce procès, sauf à en laisser à d'autres les périls.

Dans leur système, M. l'avocat général a eu tort de nous faire la concession qui est sortie de sa bouche ; car pour eux le salut de la constitution ne marche qu'en seconde ligne : après le salut de la royauté ; et s'il fallait opter entre la dynastie nouvelle et les libertés qui sont le fruit de nos longs malheurs, ils encenseraient la branche cadette sur les ruines des droits du peuple.

Et qu'on ne dise pas que j'exagère. Écoutez, MM. les jurés, voici les paroles de M. le garde-des-sceaux dans la séance du 14 août 1835. « Nous « ne proposons pas de lois d'exception : nous resterons dans la charte tant « que les nécessités du pays nous le permettront. »

D'où l'on peut conclure, sans avoir la prétention d'être un logicien trop subtil, que le jour où MM. les doctrinaires verraient leurs portefeuilles en péril, ils sont tout prêts à invoquer un article 14 qu'ils tiennent en réserve.

Vous voyez donc, MM. les jurés, que lors même que M. Pasquier n'eût pas provoqué par ses imprudentes paroles l'article incriminé, ce n'est pas chose inutile de rappeler de temps en temps les principes.

Si quelques écrivains d'honneur et d'indépendance répètent à la royauté qu'elle n'est inviolable qu'à la condition de rester dans la constitution, il ne manquera jamais, ni de pairs de France, ni de procureurs-généraux, pour lui dire, au contraire qu'elle est *sacrée* et divine !

Et cependant ce sont ces gens là qui perdent les trônes : ce sont ces syrènes menteuses qui attirent dans l'abîme des générations de rois tout entières.

L'Echo du Nord a rappelé plusieurs exemples historiques. Je ne veux pas remuer la poussière des anciens temps ; mais tous ici, nous avons vu, vu de nos yeux ce que valent les phrases de ces intrépides soutiens des dynasties.

Cette audience même est pleine de pareils souvenirs et je ne résiste pas à en citer deux parce qu'ils sont à la fois une leçon pour tous et un honneur pour M. Leleux.

Il y a six ans ou à peu-près, le même écrivain était traduit, non pas devant le jury, mais devant la cour royale de Douai pour un crime contre lequel les gens du roi de l'époque tonnaient alors, comme s'il se fût agi du crime de lèze-Majesté. Eh bien, MM. les jurés, savez-vous quel était cet attentat sans exemple ? le voici en deux mots : M. Leleux avait félicité S. A. R. le duc d'Orléans de ce qu'il donnait à *ses fils une éducation nationale.* (1)

---

(1) L'article qu'on rappelle était extrait d'un ouvrage de M. Derbigny.

(Note de l'éditeur).

Aujourd'hui dans la plupart des réquisitoires, il est de bon goût de rappeler en style touchant et pastoral que le roi citoyen a envoyé ses enfans à l'école comme de simples mortels. *(On rit.)*

Alors, messieurs, cette nouvelle était de nature à bouleverser l'état, au dire de MM. les substituts et c'est pourquoi la cour royale de Douai a condamné M. Leleux le 12 août 1828, à 6 mois d'emprisonnement et 3,000 francs d'amende.

Que dirai-je de sa dernière condamnation en 1830 ? C'est celle-là que MM. les gens du roi devraient toujours avoir devant les yeux , quand il leur prend fantaisie d'intenter des procès politiques.

Messieurs , l'orage grondait ; les amis du pays effrayés de la hardiesse des pilotes de l'état leur criaient de toutes parts qu'ils allaient se briser contre l'écueil.

L'association bretonne trouvait des imitations dans la France entière.

La ville de Lille ne fut pas en arrière des grandes cités industrielles et je vois à cette audience M. Bonte-Pollet , qui eut l'honneur de mettre son nom en tête de cette association qui se forma dans ses murs pour le refus de tout impôt illégal. (Les regards de tout l'auditoire se portent sur M. Bonte-Pollet)

M. Leleux l'annonça , fut poursuivi, jugé , condamné: quelques jours après les ministres étaient à Vincennes , le roi Charles X suivait tristement la route de Cherbourg ! Je n'ai pas lu dans le récit de cette royale infortune, que beaucoup de messieurs du parquet, si zélés pour la défense de son trône avant juillet, aient suivi le cortège qui marchait vers la frontière. *(Sensation profonde.)*

L'article incriminé rappelle la haute leçon de 1830 : je ne m'y arrêterai pas pour insulter un gouvernement déchu : loin de moi pareille idée. Des gens comme nous se mesurent avec les pouvoirs tant qu'ils sont debout et menaçans.... mais nous n'avons que du respect pour les vaincus.

Et d'ailleurs ils sont vraiment plus à plaindre qu'à blâmer ces grands de la terre que tant de servilités assiégent. Comment résisteraient-ils aux séductions de toute espèce qui les enlacent ? « Soyez ferme : ne laissez pas » avilir l'autorité qui est dans vos mains..... . L'autorité royale est tout... » celle du peuple... rien. « Telles sont les doctrines des antichambres et des parquets. Les tribunaux eux-mêmes sanctionnent par la condamnation des écrivains indépendans, ces honteux sophismes... de sorte que la royauté devrait être plus qu'humaine pour ne pas succomber à la tentation de la tyrannie.

Mais ce qu'il y a de plus odieux dans cette dégradation universelle, c'est que les valets de la veille soient toujours les plus insolens ennemis du lendemain.

Ces grands corps de l'état qui viennent régulièrement à la fête solennelle du souverain célébrer ses vertus, lui prédire de longues années de prospérités, savez-vous de quel ton ils s'adressent aux jours du malheur à la puissance assez insensée pour suivre leurs perfides conseils ? Écoutez ! je ne rappellerai qu'un fait.

Ici ce n'est pas comme en juillet un peuple soulevé par une tempête soudaine qui balaye trois générations de rois : c'est, pour me servir de leur langage, c'est *le premier corps de l'état* ; c'est le sénat, ce sénat qui s'agenouillait si petit devant le grand empereur.

1814 arrive : que vont-ils faire ces chambellans, ces dignitaires, ces maréchaux ? .... encore une fois *écoutez*, et dites-moi si après cela il y a un homme en France du nom *Pasquier* ou de tout autre nom, qui ose proclamer *inviolables* les rois violateurs de la constitution.

C'est dans le livre d'un pair de France... (honnête homme celui-là) que je lis ce qui suit :

« *Le sénat-conservateur,*

» Considérant que dans une monarchie constitutionnelle le monarque » n'existe qu'en vertu de la constitution ou du pacte social;

» Que Napoléon Bonaparte, pendant quelque temps d'un gouvernement » ferme et prudent, avait donné à la nation des sujets de compter pour » l'avenir sur des actes de sagesse et de justice ; mais qu'ensuite il a *déchiré le pacte qui l'unissait au peuple français....*

M.° Ch. Ledru, interrompant cette lecture : J'espère, messieurs, dit-il, que nous sommes en plein dans la question et vous voyez comment la résout la pairie, dont M. Pasquier est aujourd'hui le président. *(On rit)*

» Qu'il a entrepris une suite de guerres en violation de l'article 5o de » l'acte des constitutions, du 22 frimaire an 8, qui veut que la guerre soit » proposée, discutée, décrétée et promulguée comme les lois;

» Qu'il a violé les lois constitutionnelles par ses *décrets sur les prisons d'état ; ......*

M.° Ch. Ledru : Que dira un jour la pairie sur le Mont-St.-Michel ? *(On rit.)*

» Qu'il a anéanti la responsabilité des ministres;

» Considérant..... *Ecoutez* bien celui-là, dit M.° Ledru, je vous annonce que vous ne vous y attendez guères !

» Considérant *que la liberté de la presse,* établie et consacrée comme l'un » des droits de la nation, *a été constamment soumise à la censure arbitraire* » *de sa police.....(Rire général.)*

» Considérant, que par toutes ces causes le gouvernement impérial a
» cessé d'exister...

» Le sénat déclare et décrète :

» Art. 1.ᵉʳ *Napoléon Bonaparte est déchu du trône, et le droit d'hérédité établi
dans sa famille est aboli.*

» Art. 2. *Le peuple français est délié du serment de fidélité... etc. etc....* »

Qu'en dites-vous, messieurs? *l'Echo du Nord*, va-t-il plus loin que le
décret du sénat conservateur qui a la précaution de se délier du serment
de fidélité après avoir bien et dûment trahi son serment d'obéissance à
Napoléon? et n'ai-je pas le droit de résumer toute cette discussion comme
l'auteur en disant : « que ce qu'il y a de plus étrange c'est que la chambre
» des pairs, n'ait pas ri au nez de M. son président lorsqu'il lui exposait
» sa théorie de l'inviolabilité royale. »

Oui, de telles palinodies ne devraient exciter que le rire, si au fond de
tout cela il n'y avait je ne sais quelle indifférence et quel mépris de tous
les principes, quel égoïsme effronté qui attaque le corps social dans les
sources même de la vie.

Et parcequ'un écrivain honnête proclame le danger des maximes de
cette école impure, parce qu'il proteste contre les immoralités qu'elle
enseigne au pouvoir trop enclin à suivre le torrent où se sont engloutis
ceux qui l'ont précédé, ... on jette cet écrivain au milieu du prétoire,
sous l'accusation d'outrage aux droits du roi... d'insulte à sa personne...
que sais-je? On l'accuserait, si on l'osait, de *sacrilége* envers la divinité
de César!

Et ils parlent du respect des lois! et c'est au nom des lois qu'ils demandent des châtimens, au moment même où ils disent à la royauté qu'elle
peut fouler aux pieds tous ses sermens, sans cesser d'être inviolable et sainte!

Mais que veulent-ils donc? où vont ils? grâce! grâce! MM. les jurés,
non pas pour nous : peu nous importe? mais pour cette royauté même
qu'ils entourent.

Nous n'avons pas mission de la défendre; mais c'est une sorte de
sentiment d'honneur qui nous crie de dénoncer les traitres qui l'entraînent.

Vous les voyez... Ce sont les mêmes hommes : ce sont ceux qui avant
Charles X avaient déjà trahi Napoléon...Oui, je les reconnais, ce sont eux-
mêmes, eux qui ont vendu aux Cosaques et livré à la sainte alliance l'empereur et sa grande armée..... Ah! dites, dites à votre roi de les fuir....
Ils ont déjà préparé le piège sous ses pas et je vois leurs mains qui se
tendent vers sa dépouille!!

M. le procureur-général n'ayant rien ajouté à son réquisitoire et l'accusé ayant dit n'avoir rien à ajouter à sa

défense, M. le président déclare que les débats sont fermés. Et après un résumé fort impartial, il remet aux jurés la liste des questions sur lesquelles ils auront à répondre.

Après un quart d'heure de délibération, le jury rentre en séance et rend un verdict d'acquittement, qui est accueilli avec la plus grande satisfaction par tout l'auditoire, qui se presse autour de M. Leleux et de ses défenseurs, pour leur offrir de vives félicitations.

Le rédacteur de l'*Émancipateur* qui a déjà été acquitté une fois la veille, tire de ce nouvel acquittement l'espoir d'une chance également heureuse pour le procès qu'il a encore à subir, à la suite de l'affaire de l'*Écho du Nord*.

Son espoir a été réalisé, un troisième verdict d'acquittement vient porter le découragement dans le cœur des magistrats du parquet, et rehausser la confiance des accusés du lendemain.

COUR D'ASSISES DU DÉP.ᵗ DU NORD,

SÉANT A DOUAI.

(AUDIENCE DU 6 NOVEMBRE 1835.)

Présidence de M. VANVINCQ.

Conseillers assesseurs : MM. FOUGEROUX DE CAMPIGNEULLES ET DE WARENGHIEN.

DEUXIÈME AFFAIRE
DE L'ÉCHO DU NORD,

A laquelle un arrêt de jonction a réuni les affaires de messieurs Délebecque et Degouve-Denuncques.

—

EXCITATION A LA HAINE ET AU MÉPRIS DU GOUVERNEMENT DU ROI. — GRAVE QUESTION DE COMPLICITÉ.

M. LELEUX, déjà vainqueur dans la lutte de la veille, se présente de nouveau devant la cour d'assises, avec MM. Délebecque, rédacteur du *Libéral*, et Degouve-Denuncques, également accusés; M. Denuncques est accompagné de M. Frédéric Degeorge, rédacteur du *Propagateur du Pas-de-Calais*, son conseil.

L'affluence est plus grande encore que la veille. Les tribunes des dames sont aussi brillantes. L'auditoire s'est grossi des nombreux amis des accusés, qui sont accourus de Lille, de Cambrai, d'Arras et des autres villes voisines de Douai;

ils ont voulu témoigner par leur présence de leur amour pour la presse, dont ils sont les principaux représentans dans leurs localités.

Parmi les magistrats présens à l'audience, on distingue M. Piéron, membre de la chambre des députés et beau-frère d'un des accusés.

A l'ouverture de l'audience, M.ᵉ Paeux, avocat-général, qui occupe le fauteuil du ministère public, requiert la jonction de l'affaire de l'*Écho* et de celle du *Libéral*.

M. LE PRÉSIDENT : Les accusés ou leurs défenseurs ont-ils quelque observation à faire sur le réquisitoire de M. le procureur-général.

M.ᵉ CHARLES LEDRU : Aucune, M. le président.

M. LE PRÉSIDENT, après avoir consulté ses collègues, prononce un arrêt qui fait droit aux conclusions du ministère public.

La cour, M. le procureur-général et les accusés se retirent dans la salle des délibérations des jurés, pour procéder au tirage au sort du jury qui doit siéger dans l'affaire.

Quand cette formalité est terminée, la cour rentre en audience. Un vif mouvement de curiosité se manifeste dans tout l'auditoire, qui paraît impatient de voir commencer la lutte dans laquelle le parquet de Douai est appelé à cueillir les lauriers d'une nouvelle défaite.

Après l'appel de MM. les jurés, qui prennent place dans l'ordre où ils sont sortis de l'urne, M. le président procède à l'interrogatoire des accusés.

Les accusés répondent aux questions d'usage sur leurs nom, prénoms, profession, domicile, etc.

M. DECOUVE-DENUCQUES déclare avoir vingt-cinq ans, être journaliste, propriétaire, électeur, éligible.

M. DECOUVE-DENUNCQUES : M. le président, j'ai choisi pour conseil M. Degeorge, mon ami ; je prie la cour de vouloir bien l'agréer en cette qualité.

M. le Président, avec vivacité : Mais vous auriez dû me faire cette demande avant l'audience.

M. Degouve-Denuncques : J'ignorais que les usages de la cour le voulussent ainsi. Dans tous les cas, si j'ái manqué à ces usages, je vous en témoigne tous mes regrets et je vous prie d'en accepter mes excuses.

M. le Président : C'est bien ! c'est bien !

M. Frédéric Degeorge, rédacteur en chef du *Propagateur du Pas-de-Calais*, prend place auprès de M. Degouve-Denuncques.

Cet incident rappelle le refus de M. le baron Pasquier d'accorder aux accusés d'avril les conseils dont ils avaient fait choix parmi leurs amis. La cour d'assises de Douai s'est montrée plus intelligente que la cour des pairs.

M. le Président fait prêter à MM. les jurés le serment voulu par la loi; puis, après avoir rappelé aux défenseurs des accusés qu'ils ne peuvent rien dire contre leur conscience ou contre le respect dû aux lois, et qu'ils doivent s'exprimer avec décence et modération, il ajoute : Accusés, soyez attentifs à ce que vous allez entendre : M. le greffier va donner lecture de l'arrêt de renvoi et de l'acte d'accusation.

M. le Greffier fait cette lecture; il en résulte que MM. Leleux et Délebecque sont prévenus du délit d'excitation à la haine et au mépris du gouvernement du roi, pour avoir inséré dans l'*Écho* et le *Libéral* du 4 août dernier, un article qui contient ce délit dans tout son ensemble et dans un paragraphe plus spécialement incriminé. M. Degouve-Denuncques est mis en cause sous la prévention de complicité, pour avoir procuré cet article au *Libéral*, sachant qu'on devait le publier.

M. le Président : Leleux, êtes vous l'auteur de l'article incriminé ?

— Non, M. le président.

— Connaissez-vous cet auteur ?

— Nullement. J'ai pris l'article dans la correspondance particulière que j'entretiens avec Paris ; et j'assume sur moi toute la responsabilité de sa publication.

M. LE PRÉSIDENT : Délebecque, connaissez-vous l'auteur de l'article ?

— Non, monsieur ; mais, ainsi que M. Leleux, j'en prends sur moi toute la responsabilité. Je proteste contre la mise en cause de M. Degouve-Denuncques. La loi ne donnait pas le droit de le traduire devant la cour d'assises , et...

M. LE PRÉSIDENT : Je ne vous demande pas ces explications. Vous êtes avocat, et vous deviez savoir que ce n'est pas le moment de les produire devant la cour.

M. DÉLEBECQUE : Une erreur peut-être relevée en tous temps.

M. LE PRÉSIDENT : Asseyez-vous.

M. LE PRÉSIDENT : Degouve-Denuncques, est-ce vous qui êtes l'auteur de l'article ?

— J'ai déjà fait une déclaration contraire.

— Connaissez-vous cet auteur ?

— Oui, monsieur.

— Voulez-vous le nommer ?

— Cela me paraît tout à fait inutile ; seulement, je vous demanderai la permission de vous donner quelques explications sur ce que c'est que l'établissement de *Correspondance politique* que je dirige à Paris. Comme vous le pensez bien , cet établissement ayant une assez grande importance, je ne puis tout faire par moi-même, et je suis obligé de m'aider du travail de quelques collaborateurs. C'est un de ces collaborateurs qui m'a remis l'article incriminé : il est signé M, et mes initiales sont assez connues dans ce département et dans le département voisin, pour qu'on sache que je ne prétends point échapper par un mensonge à la poursuite qui m'est intentée.

J'ai adressé l'article qui fait le fond du procès à M. Délebecque, comme à M. Leleux, comme à tous les journaux du département avec lesquels je suis en correspondance. Mais en leur faisant mes communications, je leur laisse liberté pleine et entière de changer, de modifier, de corriger, d'atténuer, de renforcer tout ce que je leur envoie ; et par suite de cette convention, je pense qu'à eux seuls doit appartenir la responsabilité *légale* des matières émanant de ma correspondance qu'ils croient devoir publier.

Je présente ces observations au jury et à la cour, parcequelles simplifient beaucoup ma position, et qu'elles permettront d'apprécier le caractère des poursuites sur lesquelles je m'expliquerai d'avantage, après avoir entendu le réquisitoire de M. le procureur-général.

M. LE PRÉSIDENT : La parole est à M. l'avocat-général pour soutenir et développer les moyens de l'accusation.

M.ᵉ CHARLES LEDRU : Avant que M. l'avocat-général prenne la parole, je crois qu'il convient de donner lecture complète de l'article incriminé.

M. L'AVOCAT - GÉNÉRAL : Nous présenterons l'accusation comme nous l'entendons ; c'est notre droit.

M. CHARLES LEDRU : C'est votre droit, nous ne le contestons pas ; mais il était aussi dans le nôtre de vous faire observer que pour mieux éclairer la religion du jury, il convenait de lui faire connaître l'article tout entier : au reste, nous n'insistons pas sur la lecture, puisque vous paraissez la repousser ; nous nous contenterons de faire ce que vous n'aurez pas fait ; et le jury appréciera votre conduite et la nôtre.

M. L'AVOCAT - GÉNÉRAL commence son réquisitoire. Il existe, dit-il, à Paris, des établissemens de correspondance pour les journaux de département ; c'est dans ces établissemens que se fabriquent ou s'arrangent toutes ces nouvelles qui retentissent ensuite dans nos provinces, et auxquelles nous avons trop souvent la bonhommie d'ajouter foi. C'est pour les partis un grand moyen de propagande, et c'est en outre pour ceux qui en usent une *spéculation assez lucrative.*

M. l'Avocat - Général, continuant : C'est d'un de ces établissemens, dont l'existence n'est pas sans danger pour la paix publique, qu'est sorti l'article sur lequel vous avez à prononcer aujourd'hui. Nous n'aurons pas besoin , messieurs, d'entrer dans de longues considérations pour vous démontrer combien cet article est coupable ; il nous suffira de vous donner lecture d'un passage pour vous faire comprendre que vous êtes intéressés, vous et la société dont vous êtes les représentans, à ne pas permettre que le gouvernement soit l'objet d'attaques aussi injustes et aussi odieuses, et à punir sévèrement les écrivains qui font de la liberté de la presse un aussi étrange abus.

Voici ce passage, qu'il nous suffirait peut-être de vous lire ; car mieux que toutes nos paroles, nous espérons qu'il vous démontrera la culpabilité des trois accusés dont nous vous demandons avec confiance la condamnation.

M. l'Avocat-Général lit ce passage et termine là son réquisitoire.

La parole est à M. Degouve-Denuncques.

M. Denuncques lit en entier l'article incriminé, lequel est conçu en ces termes :

Le président de la république des États-Unis faillit un jour tomber sous les coups d'un assassin. L'opinion publique s'éleva unanime, sans distinction de partis, sans arrière pensée , pour protester contre l'assassinat et pour en flétrir l'immoralité. Le gouvernement affirma que l'assassin était fou : il ne le fit comparaître devant aucun tribunal, il se contenta de l'envoyer expier son crime dans une prison à vie. L'assassin était sain de corps et d'esprit.

Là finit toute cette affaire. Les jaksonistes continuèrent leur guerre franche et loyale , attendant le moment des élections générales pour vider à fond leur querelle ; et il ne vint à l'idée de personne d'accuser la liberté illimitée de la presse, la vivacité des attaques de l'opposition, sa violence, ses calomnies même, d'avoir provoqué la tentative d'un fanatique furieux, de lui avoir mis le poignard à la main. Le président et ses amis les plus dévoués méprisèrent le fanatique et respectèrent la constitution de leur pays. Il n'y eut ni proclamation, ni prières officielles : il n'y eut ni adresses, ni harangues des corps constitués. En un mot l'événement ne fut exploité ni par un parti, ni contre un parti.

En France, un fait du même genre vient d'attrister l'anniversaire de l'insurrection de 1830. Le roi Louis-Philippe a échappé à une mort presque certaine que lui avait préparée un assassin; autour du roi, plus de trente personnes ont été tuées ou blessées par la décharge simultanée de vingt-cinq canons de fusils.

A cela près de ce degré de perversité de plus qui n'a pas permis à l'auteur de s'arrêter devant cette considération que l'exécution de son dessein admettait nécessairement la mort d'une foule de personnes pour lesquelles il ne pouvait avoir aucune haine, l'acte de Gérard est le même que celui du fanatique anti-jacksoniste.

Cependant, au contraire de ce qui a eu lieu aux États-Unis, qu'arrive-t-il chez nous, depuis le 28 juillet?

On ignore encore à quel parti appartient Gérard, on ignore même s'il tient à un parti; c'est tout au plus si on connaît exactement son nom, et déjà on accuse la presse légitimiste d'avoir armé le meurtrier. On saisit des journaux de toutes couleurs, on emprisonne des écrivains de tous les partis, on en poursuit d'autres, on fait des arrestations par centaines, les paroles les plus outrageantes sont prononcées, les projets les plus insensés, les plus réactionnaires sont officiellement avoués, ouvertement provoqués. Tout ce qui parle, tout ce qui agit au nom du gouvernement, réclame des lois répressives contre la presse, qui depuis cinq ans démoralise la société.

La restauration exploita de la même manière l'assassinat du duc de Berri.

Sans doute, toutes ces calomnies, toutes ces injures grossières empruntées au *Drapeau Blanc*, à la *Quotidienne*, etc, de 1820, ne produiront d'autre effet dans le public qu'un sentiment de mépris pour ceux qui réchauffent les élucubrations des écrivains et des orateurs des mauvais jours de la restauration, et elles ne méritent aucune réponse. Mais puisque l'occasion s'en présente, il est bon de montrer que la démoralisation dont on se plaint, si toutefois elle existe réellement, n'a pas sa source dans la presse de l'opposition, mais dans le gouvernement.

Que nous a, en effet, enseigné le gouvernement tant par la bouche de ses orateurs et la plume de ses publicistes que par les actes de ses agens? Quelle morale a-t-il proclamée?

Il a dit et répété sans cesse que le Dieu devant lequel il s'inclinait, c'était *la nécessité*. Au nom de la nécessité, il a tout fait et tout excusé.

Il a déshonoré une parente du roi, la duchesse de Berri, au nom de la nécessité. Quand il a rencontré une émeute dans la rue, ses agens ont frappé de l'épée et du bâton tout ce qui s'est trouvé devant eux, innocent ou coupable. Quand un homme lui a tiré un coup de fusil d'une maison, il a lancé ses soldats dans la maison en leur disant : « Tuez tout ce que vous trouverez ! » Puis lorsque des enfans, des femmes, des vieillards ont été assassinés, il a allégué encore la nécessité : il a légitimé l'assassinat : il a décoré, comblé de faveurs les assassins. Jamais gouvernement n'a eu moins de respect pour la vie des citoyens.

Si donc il s'est trouvé un homme qui ait eu dans le cœur assez de mépris pour la vie de ses semblables, assez de férocité pour jeter la mitraille au milieu de la foule, pour assouvir ainsi une vengeance politique, doit-on attribuer son immoralité à l'action du gouvernement ou à celle de la presse, qui, peu de jours encore avant l'attentat, s'élevait avec horreur contre l'assassinat ?

Et d'ailleurs, ce parti républicain que de haineux poltrons injurient à l'abri d'un moment de petite terreur, a-t-il écrit une ligne, une seule depuis cinq ans, qui, toute torturée qu'elle soit, puisse passer pour une apologie de l'assassinat ? ce parti, qui a réclamé comme siens les Berton, les Bories et tous ceux qui tentèrent de relever le drapeau tricolore, sous la restauration, a-t-il jamais inscrit sur son martyrologe le nom de Louvel ?....

Depuis long-temps, il était reconnu et proclamé par la *camarilla* qu'on ne pouvait gouverner en France avec la presse : quelle que faible que soit la liberté dont elle jouit, les traîneurs de sabre, les agioteurs et les usuriers veulent profiter de la circonstance pour l'écraser, et il ne s'agit de rien moins que de revenir au régime de la restauration : plus de jugemens par jurés, augmentation des droits de poste, du timbre et du cautionnement, et avec cela peut-être un peu de censure.

La royauté de juillet en est donc venue au même point que son aînée.

Les députés ont été rappelés en grande hâte de leurs départemens. Dès qu'ils seront arrivés, on leur fera des communications qui ne sont autres que la consécration légale des mesures dont nous venons de parler. *Fiat lux !* nous ne demandons pas mieux. Plus la question sera posée nettement, plus la solution sera claire et prompte.

L'attentat du 28 juillet a été déféré à la cour des pairs. Avec ce surcroît de besogne, Dieu sait quand le procès d'avril se terminera. Au fait, peut-être ne se terminera-t-il pas, à moins que les dévoués de la monarchie ne mettent à exécution le projet que le crime de Gérard leur avait mis en tête.

Il est bon qu'on sache, en effet, que plusieurs fonctionnaires ou boursiers qu'on pourrait nommer, ont proposé aux compagnies de garde nationale dont ils faisaient partie, de marcher sur les prisons et d'y faire un deux septembre des prisonniers républicains. Cette proposition a été repoussée avec indignation par l'immense majorité : mais ces messieurs peuvent se concerter et opérer eux-mêmes, sans le secours de leurs camarades.

Cette lecture terminée, M. DÉNUNCQUES présente ainsi sa défense :

Messieurs,

Ma défense doit commencer par quelques explications qui me sont personnelles. Je comparais devant vous, non pas, comme vous pourriez le croire, en vertu des lois qui régissent la presse, mais en vertu de deux articles du code pénal que jusqu'à présent on n'a encore appliqués à aucun écrivain politique.

Depuis cinq ans, on a fait beaucoup de procès à la presse ; pour la détruire, on lui a livré plus de cinq cents batailles ; et cependant, je puis dire que l'accusation à laquelle j'ai à répondre aujourd'hui est sans exemple, sans précédent dans la longue série d'attaques dont la presse fort heureusement pour elle, et grâce au bon sens du jury, est presque toujours sortie avec les honneurs de la guerre.

Si les magistrats du parquet et de la cour s'étaient conformés à la jurisprudence admise jusqu'à ce jour en matière de presse, je n'aurais donc point eu l'honneur d'accompagner MM. Leleux et Délebecque à votre barre ; mais il leur fallait sans doute un troisième accusé, et pour l'appeler ici avec quelque apparence de légalité, sinon de bon sens, ils ont donné à nos lois pénales une interprétation qu'elles n'avaient point encore reçue ; renversant tous les principes de la philosophie du droit, méconnaissant toutes les théories de la science judiciaire, confondant un délit de la pensée ou plutôt un délit de la conscience avec les actions maté-rielles que la législation pénale atteint et condamne, ils ont créé une jurisprudence nouvelle , et c'est en vertu de cette jurisprudence qui repose sur un étrange sophisme, qu'ils viennent requérir contre moi une con-damnation.

J'aurais pu, messieurs, en invoquant le simple bénéfice de la loi et l'application uniforme qui en a été faite par tous les parquets de France, moins cependant le parquet de la cour royale de Douai, me soustraire aux chances d'un procès politique ; mais j'ai trop de confiance dans vos lumières, pour penser que vous puissiez jamais admettre une jurispru-dence qui serait repoussée par la cour suprême, si par suite d'un verdict de culpabilité, j'étais obligé de porter la question devant elle. D'ailleurs, je dois le dire , il en eut coûté beaucoup à mes vives sympathies pour mes co-accusés, de les abandonner dans une lutte, où, s'il y a quelque danger à courir, il y a aussi quelque gloire à gagner, ne fût-ce que celle de se

montrer homme d'honneur et de conviction. Voilà pourquoi je n'appellerai point le ministère public sur un terrain où j'aurais pu le combattre
avec tous les avantages du droit et de la loi. Voilà pourquoi j'accepte la
partie telle qu'il me l'a offerte, allant au-devant de l'accusation sans colère
comme sans crainte, sans jactance comme sans humilité, n'éprouvant
d'autre besoin, n'ayant d'autre désir que celui de vous faire entendre
la vérité.

J'ai cherché, messieurs, à me rendre compte des motifs qui ont pu
déterminer les poursuites auxquelles la presse périodique s'est trouvée
tout-à-coup en butte dans ce département, à la suite de l'attentat de Fieschi,
et je ne leur ai trouvé d'autre excuse que dans ces pressantes exhortations
de M. le garde-des-sceaux, qui, depuis long-temps, vous le savez, a
recommandé aux magistrats de ses parquets, non point de l'impartialité,
non point de la modération, mais de la *fermeté*, de l'*énergie*, c'est-à-dire
un dévouement maladroit et inconsidéré, car dans la justice politique
d'aujourd'hui, ce qu'on appelle fermeté et énergie, est rarement autre
chose. (*M. l'avocat-général s'agite, et prend des notes.*)

Si dans les nombreux réquisitoires qui ont été prononcés ici depuis
trois jours, on avait voulu être aussi franc que nous le serons dans notre
défense, on vous aurait dit que le pouvoir veut en finir à tout prix avec la
presse et avec les hommes de la presse ; on vous aurait dit que, quelques
soient les difficultés dont la législation nouvelle entrave l'exercice d'un
droit qu'on aurait pu croire désormais inviolable, après la révolution de
1830, quelque suppressive, quelque meurtrière que soit cette législation,
le pouvoir ne s'en remet point à elle seule du soin de le débarrasser de
ses adversaires.

Reconnaissons-le donc, messieurs, on veut tuer la presse. Et c'est là
l'explication des trois procès politiques dont vous avez déjà fait justice dans
vos précédentes audiences, comme de la triple poursuite sur laquelle vous
avez encore à prononcer aujourd'hui. Ne croyez pas qu'en vous demandant
une condamnation contre les hommes dont l'attitude, j'en conviens, peut
paraître un peu fière, surtout si on la compare à celle de tant de gens qui
se sont rompu l'épine dorsale aux pieds des dieux du jour, (*M. l'avocat-
général, se redresse fièrement : un jeune avocat stagiaire placé derrière
lui, imite son exemple*) on ait en vue de réprimer un écart de la liberté de
la presse ; non, messieurs, c'est à cette liberté même qu'on attente. Je
n'en veux d'autre preuve que le choix de l'article qu'on a incriminé,
article d'une modération et d'une gravité qui auraient dû le sauver de
toute poursuite ; mais il fallait un prétexte pour nous faire comparaître
devant la cour d'assises, et ce prétexte, on l'a pris au hasard, sans s'in-
quiéter si l'on avait la main malheureuse. (*On rit.*)

J'ai donc deux choses à justifier et à défendre devant vous : l'article d'abord, puis la liberté de la presse, que nous ne laisserons succomber, je suis bien aise d'en faire hautement la déclaration dans cette ville à laquelle m'attachent tant d'affections, que lorsqu'après avoir brisé notre plume, on nous aura déposés sur la terre d'exil.

Ma tâche sera-t-elle difficile, messieurs ? Je ne le pense point : je l'entreprends avec confiance, et ne croyez pas que, pour l'accomplir, je vous fasse entendre un langage violent et passionné ; ne croyez pas que dans cette enceinte où je retrouve des souvenirs qui me sont bien chers, dans cette enceinte où je suis fier de pouvoir aussi à mon tour élever ma voix en faveur de la raison et de la vérité, j'appelle à mon aide l'artifice et le mensonge, les déclamations de l'esprit de parti ou les emportemens d'une mauvaise humeur qui me serait peut-être permise. Non, messieurs, ce n'est point ainsi que je prétends plaider ma cause devant vous. Je serai calme, parceque je parlerai à des juges qui m'écouteront avec calme ; je serai sans passion, parceque vous êtes sans passion, vous ; parceque dans ce pays d'honneur et de loyauté, il n'y a de passion que chez les hommes qui sont intéressés à en faire parade. (*M. le procureur-général Nepveur, qui assiste à l'audience, lève les yeux au ciel.*)

Maintenant, j'aborde l'accusation. Ainsi que vous le savez déjà, nous sommes prévenus d'excitation à la haine et au mépris du gouvernement du roi, prévention banale qui depuis cinq ans a bien souvent retenti dans toutes les cours d'assises de France et qui, par l'abus qu'on en a fait, semble n'avoir été inventée que pour servir de laissez-passer à tous les procureurs-généraux, procureurs du roi ou substituts, qui ont voulu gagner l'hermine de leur robe ou les galons de leur toque, en combattant au premier rang dans la grande croisade contre la presse. (*La figure de M. de Waronghien, un des conseillers-assesseurs, qui jusqu'alors avait été d'une impassibilité parfaite, s'anime un peu à ces dernières paroles.*)

L'article incriminé, s'il faut en croire M. l'avocat-général, renferme le délit dont nous sommes accusés, dans tout son ensemble, et plus particulièrement dans un passage qui l'a mis en verve, et dont j'expliquerai et justifierai toutes les assertions. Mais avant toutes choses, messieurs, il faut que je dise la pensée qui domine dans cet article. C'est là ce que M. l'avocat-général aurait dû rechercher lui-même, au lieu de prendre, pour en extraire à tout prix un sens coupable, quelques phrases et quelques mots qui ne pourraient constituer un délit qu'autant que la pensée fondamentale de l'article serait elle-même répréhensible. Cela eut été plus loyal, et si M. l'avocat-général eût procédé ainsi, nous croyons qu'au lieu de reproches, il ne nous eût adressé que des remerciemens. En effet, messieurs, cette pensée fondamentale, c'est une pensée d'ordre social, de haute politique, de grande moralité; c'est une pensée que nous nous garderons bien de renier, car nous espérons que vous la consacrerez par votre verdict; c'est en un mot, une pensée de réprobation et d'horreur contre l'assassinat: contre l'assassinat, quelqu'il soit, de quelque manière qu'il s'exécute, par une machine infernale ou par un feu de peloton, soit que le crime atteigne la tête d'un roi, soit qu'il frappe celle d'un simple citoyen. Nous regardons comme un immense malheur tout ce qui porte atteinte à ce principe sacré pour nous, car nous croyons qu'il est d'une politique humaine et éclairée de professer un grand respect pour la vie des hommes. (*Profonde sensation.*)

Les ministres que nous avons très-nettement accusés d'avoir fait de l'assassinat, sinon un moyen, du moins une facilité de gouvernement, peuvent-ils se glorifier de ce respect? Ah! s'ils l'osaient, de tous les coins de la France s'élèverait une voix qui leur donnerait un démenti, car dans toute la France le système de l'ordre public a eu ses victimes.

Après avoir établi la pensée principale de l'article incriminé, recherchons quelles autres vérités utiles il enseigne encore.

Faisant un rapprochement entre l'attentat du 28 juillet et un attentat du même genre qui fut dirigé contre le président de la république des Etats-Unis, il rappelle que le gouvernement Américain, loin d'attribuer à un parti l'idée d'un tel crime, s'empressa d'affirmer que l'assassin était un fou, bien qu'il fût sain de corps et d'esprit; qu'il ne le fit comparaître devant aucun tribunal et se contenta de l'envoyer expier son crime dans une prison à vie. Le gouvernement Américain crut sans doute qu'il valait mieux en agir ainsi que de chercher à faire croire, ou même de laisser croire que son chef avait, dans le parti qui lui était opposé, des ennemis assez irréconciliables pour diriger contre sa poitrine un pistolet ou un poignard. C'était là, messieurs, une conduite bien habile, et la rappeler après la triste journée du 28 juillet, c'était presque indiquer au pouvoir ce qu'il avait à faire. Mais le pouvoir ne profita point de la leçon: il lui fallait une occasion de satisfaire quelques rancunes qui étaient déjà bien vieilles: il avait des ennemis que jusqu'alors il n'avait osé combattre à face découverte, des institutions qui lui faisaient obstacle et qu'il ne pouvait renverser qu'à la faveur d'un événement malheureux; et voilà pourquoi il se garda bien d'imiter l'exemple des Etats-Unis.

Que fit-il au contraire? Le crime est à peine commis qu'il l'impute à un parti: on ne devrait que pleurer sur les victimes et s'indigner contre le meurtrier, et il s'empresse de dire que ce sont les mauvaises doctrines qui ont fait naître l'idée de l'attentat ; on ne connaît même pas le véritable nom du coupable, et déjà on signale les hommes qui l'ont armé.

Et par-dessus tout cela, comme pour couronner ces frénétiques et basses récriminations, comme pour compléter cette œuvre de colère et de démence, s'élève un cri sauvage : il faut des exemples !!......

Je vous épargnerai, messieurs, par respect pour vous et par considération pour la morale publique, le récit de tout ce qui s'est dit, de tous les vœux insensés qui se sont manisfestés en ces jours de triste exaltation ; mais cependant, dans l'intérêt de mes co-accusés et dans mon intérêt propre, je ne puis me dispenser d'établir un point de comparaison entre le langage que nous avons employé dans l'article qu'on nous reproche d'avoir écrit ou publié et celui qui retentissait alors de toutes parts dans la région où se traitent les affaires du pays.

Si jeune que nous soyons encore, nous sommes assez fait à la vie politique pour connaître les devoirs que les circonstances nous imposent, et pour les accepter et les remplir toutes les fois que nous croyons que la chose publique y est intéressée. Ainsi, par exemple, messieurs, plus nous entendons témoigner d'exaltation autour de nous, plus nous voyons la folie poussée loin et plus nous sentons le besoin d'être calmes, de faire taire des sentimens justes, mais dont la manifestation, en présence de sentimens positivement contraires, pourrait avoir pour conséquence une plus redoutable exaspération. Telle a été notre position après le 28 juillet.

Nous entendions crier : « Mort aux républicains ! » Et nous sommes restés calmes.

Il y avait des hommes qui disaient autour de nous : « Marchons sur les prisons et massacrons les prisonniers ! » Et nous sommes restés calmes.

D'autres s'excitaient à aller briser les presses de nos journaux et passer au fil de l'épée leurs rédacteurs ! Et nous sommes encore restés calmes ... .

Croyez - vous donc que notre amour-propre ne fut pas cruellement froissé de ces menaces ? Croyez-vous qu'il ne nous ait pas fallu faire de grands efforts sur nous-même pour ne pas répondre à des provocations que nous ressentions bien vivement ; pour essuyer presque le reproche de lâcheté dont on qualifiait alors notre calme et notre modération. Ah ! c'est qu'en ce moment nous savions faire le sacrifice de notre susceptibilité au désir de voir les fureurs s'apaiser, les gens haineux reconnaître l'injustice de leur haine ; c'est que nous savions que dans un intérêt national bien compris, il valait mieux mépriser ces colères intéressées que d'aller se heurter contre elles !....

Et voilà l'explication du langage si noble et si mesuré du rédacteur de l'article.

Mais cependant, messieurs, on proférait autour de nous des menaces qui ne touchaient pas seulement au présent, on en proférait qui étaient effrayantes pour l'avenir et que depuis nous avons vu se réaliser en partie. On parlait de dictature, de suspension de la liberté individuelle, de suppression de la liberté de la presse, de la nécessité d'arrestations nombreuses, de mesures fortement répressives. On disait tout haut qu'il existait en France quelques hommes et une presse qui, depuis cinq ans, travaillaient à démoraliser la société, et l'on proclamait en même-temps qu'il suffirait de se défaire de ces hommes et de cette presse pour ressusciter la moralité, pour lui rendre son empire. L'auteur de l'article méprise ces plates déclamations d'un autre temps, ces déclamations qui jadis mettaient sens - dessus - dessous l'imagination de la plupart de ceux qui, aujourd'hui, les renouvellent ; mais cependant, il profite de cette circonstance pour montrer que la démoralisation dont on se plaint, si toutefois elle existe réellement, n'a pas sa source dans la presse de l'opposition, mais dans le gouvernemeut. *(M. le président fait quelques signes d'impatience.)*

Ainsi, messieurs, nous accusons le gouvernement d'immoralité : c'est là notre grand crime et c'est de ce crime que nous avons à nous justifier. *(L'impatience de M. le président redouble.)*

A Dieu ne plaise que je veuille ici chercher à affaiblir la vivacité de nos attaques : ce que nous avons dit, pour mon compte, je le maintiens comme bien dit et très-bien dit, et je ne pense pas que mes coaccusés me donnent un démenti. *(MM. Leleux et Délebecque font un signe d'approbation.)*

En effet, messieurs, voyez ce qui s'est fait depuis cinq ans et ce qui continuera à se faire, gardez-vous bien d'en douter, jusqu'à ce que la France y mette bon ordre. Est-ce gouverner avec moralité que......

M. le Président, interrompant brusquement : Il est impossible que je vous laisse vous défendre ainsi ; vous commettez un nouveau délit.

M. Degouve-Denuncques : Dans ma position, M. le président, il n'y a pas deux manières de se défendre. Je suis accusé d'excitation à la haine et au mépris du gouvernement du roi, pour avoir dit que le gouvernement est immoral. Si je ne prouve pas jusqu'à l'évidence que ce que j'ai dit est parfaitement vrai, c'est-à-dire que le gouvernement est immoral, le jury me condamnera, et il aura raison. Vous voyez donc bien que le système de défense que j'ai adopté est le seul qui puisse me justifier, et j'espère que vous ne vous opposerez pas......

M. Le Président : Non ! non ! je ne puis tolérer cela : vous ne pouvez-être autorisé à prouver la proposition avancée dans l'article, et dans votre intérêt même , je vous engage à vous renfermer dans les bornes d'une défense modérée , la seule que la cour et le jury puissent consentir à entendre.

M Degouve-Denuncques : Je sais mieux que personne ce que mon intérêt et celui de mes coaccusés me commandent. J'ai dit que le gouvernement était immoral : je tiens à le prouver , parceque je ne veux pas passer pour un calomniateur. Si vous persistez à entraver ma défense , je prendrai des conclusions , et la cour délibérera.

M.e Ch. Ledru se lève pour présenter quelques observations.

M. le Président : Vous n'avez pas la parole.

M.e Ch. Ledru : Je vous la demande.

M. le Président : Au nom de qui ?

M.e Ch. Ledru : Au nom de tous les accusés.

Les Accusés : Oui ! oui ! si la défense n'est pas plus libre, nous ne nous défendrons pas et nous protesterons.

M. l'Avocat - Général : Notre intention n'est pas que la défense soit entravée : nous voulons qu'elle soit aussi libre et aussi complète que possible : nous ne refusons aux accusés qu'une seule liberté , c'est celle de faire du scandale.

M. Degouve-Denuncques : Du scandale ! du scandale ! ce n'est pas nous qui nous laisserons aller à des discussions de personnalités qui pourraient l'amener. Ainsi , lorsque tout-à-l'heure , vous avez , à propos des établissemens de correspondance, parlé de *spéculation lucrative* , je ne vous ai pas répondu comme vous le méritiez , parceque je dédaigne vos injures......

M. l'Avocat - Général : Vous vous êtes mépris sur le sers de mes paroles : j'ai parlé des établissemens de correspondance en général , et je n'ai pas eu la moindre intention de vous insulter.

M. Degouve - Denuncques : Et vous avez eu parfaitement raison. (*Agitation.*)

M.e Ch. Ledru présente quelques observations tendant à démontrer que M. Degouve - Denuncques est parfaitement dans sa défense , et il engage la cour à le laisser continuer.

M. le Président , avec hésitation : vous pouvez continuer ; mais soyez calme , pour ne pas me forcer à vous interrompre de nouveau.

M. Degouve-Denuncques : Lorsque M. le président m'a interrompu, j'allais jeter un regard sur le passé , et je me disais :

Est-ce gouverner avec moralité que de violenter la société, briser toutes les existences , ranger les partis en bataille, faire un pouvoir de la délation , avilir toutes les consciences sur lesquelles on a prise , ne conduire les hommes que par la menace, les forcer à l'hypocrisie ; saisir toutes les bassesses du cœur humain pour les mettre à profit, jeter la corruption dans toutes les veines du corps social, alarmer la morale des nations par l'infâme triomphe de la séduction et de la fraude, en un mot fonder un art politique sur les vices et la méchanceté des hommes ? Est-ce là gouverner avec moralité, je vous le demande ? Oh ! non, non ! Et condamnez-nous à la prison plutôt que de nous condamner à reconnaître qu'une telle manière de gouverner n'est ni *haïssable,* ni *méprisable.* Notre corps supportera mieux la captivité que notre conscience ne supporterait un pareil mensonge.

Cette accusation d'immoralité, de démoralisation, établie en thèse générale, il nous est bien facile de l'appliquer à quelques imputations que contient l'article.

Nous avons dit que le Dieu devant lequel s'inclinait le gouvernement était la nécessité ; qu'au nom de la nécessité il avait tout fait et tout excusé, et nous avons laissé entendre que c'était là un système immoral.

Cette accusation, messieurs, nous n'avons pas besoin d'inventer des preuves pour l'appuyer. Rappelez-vous les discours de MM. Thiers et Guizot depuis cinq ans : toujours ils ont invoqué la nécessité pour justifier leur politique et leurs actes. Ainsi l'état de siège de Paris, déclaré illégal et inconstitutionnel par arrêt de la cour de cassation, a été expliqué par la nécessité de pacifier la capitale. La mise en liberté, sans jugement, d'une princesse faite prisonnière en Vendée où sa présence avait allumé la guerre civile, a été excusée par la nécessité de ne pas exposer le gouvernement à un acquittement, comme si un acquittement prononcé par la justice du pays pouvait mettre en péril un gouvernement qui, en toute autre circonstance, s'en rapporterait à cette justice. C'est encore sur la nécessité qu'on n'a pas toujours eu la pudeur de déclarer triste et douloureuse, qu'on s'est fondé pour excuser tant de meurtres inutilement commis, tant de sang dont on aurait fort bien pu ne pas rougir les pavés de nos villes. Et pour compléter cette théorie de la nécessité appliquée ou plutôt substituée à la science gouvernementale, n'avons nous pas entendu M. le ministre de la justice, l'homme auquel est plus spécialement confié le dépôt des lois, l'homme qui devrait toujours être à genoux devant la charte, déclarer à la tribune, dans les dernières discussions. qu'il pourrait bien arriver qu'un jour on sortît de la charte.... si la nécessité l'exigeait.

Principe immoral et dangereux ! Principe dont les conséquences sont immenses et effrayantes ! Principe que vous ne sauriez repousser avec moins de force et de prévoyance que nous, car en s'armant de la nécessité, on peut tout faire ; en la prenant pour règle de conduite, il n'est aucun excès, aucun crime auquel nous ne soyons exposés.

Nous croyons donc avoir rendu service au pays en flétrissant le principe de la nécessité pratiqué comme moyen de gouvernement et en accusant d'immoralité le gouvernement qui lui avait emprunté toute sa force.

Poursuivons, messieurs, la justification de cette accusation. *(M. le président paraît en proie à une grande agitation.)*

Nous avons dit que le gouvernement avait déshonoré une parente du roi, la duchesse de Berri, au nom de la nécessité. Qu'avons-nous fait autre chose que citer un fait qui est acquis à l'histoire ? Vous le savez, messieurs, lorsque le gouvernement fit arrêter la duchesse de Berri, il était déjà bien décidé à ne pas la faire comparaître devant les tribunaux et à violer ainsi le principe de l'égalité devant la loi. Ce n'était donc point pour la soumettre aux lois du pays que le ministère a retenu captive pendant six mois Mme la duchesse de Berri : non, c'était pour la déshonorer. S'il l'eût voulu, la faute de l'héroïne de la Vendée eut pu être cachée à tous : il connaissait la position dans laquelle elle se trouvait, et comme il ne devait point la faire passer en jugement, il pouvait la rendre à l'exil où du moins le scandale de sa faiblesse eut été atténué par un peu de mystère …. Loin de là, il a proclamé cette faiblesse, il l'a rendue évidente à tous les yeux, il a enregistré l'acte de naissance de l'enfant de sa prisonnière dans les colonnes officielles du *Moniteur*. Puis lorsque le déshonneur a été bien complet, les ponts-levis de la citadelle de Blaye se sont abaissés pour laisser passer la parente du roi flétrie et déshonorée..... au nom de la nécessité. *(Sensation.)*

Ne croyez pas, messieurs, que nous rappellions ce fait pour ajouter à tous les outrages du pouvoir, un outrage personnel, dont la pensée n'est point au fond de notre cœur. Quelle que coupable qu'ait été à nos yeux Mme la duchesse de Berri, c'était une femme, et à ce titre, elle avait droit au respect des hommes. Sur le champ de bataille de la Vendée, nous l'aurions combattue : prisonnière, nous aurions cru nous honorer encore en la respectant. *(Murmure d'approbation.)*

M. Degouve-Denuncques, arrivant au passage plus spécialement incriminé par le ministère public, donne lecture de ce passage, et il ajoute :

Voilà, messieurs, des accusations bien graves : avant d'examiner si c'est à ce qu'on appelle le *gouvernement du roi* ou à ses *ministres* qu'elles sont adressées, je veux vous démontrer qu'elles sont fondées : par là ma justification sera déjà à peu près complète.

Le système de violence que nous reprochons au gouvernement remonte au 14 juillet 1831. Je parle ici des violences matérielles, car déjà auparavant la violence morale non moins odieuse avait été mise à l'ordre du jour.

Rappelez-vous les persécutions intentées aux citoyens qui signèrent l'association nationale.

Les violences matérielles commencèrent donc au 14 juillet 1831, jour anniversaire de la prise de la bastille : le sang coula sur la place de la révolution ; plusieurs citoyens y furent percés de coups de baïonnette, et quelque temps après, il fut constaté officiellement par un verdict du jury, que de faux ouvriers avaient été embrigadés pour assommer tous les jeunes gens portant un œillet rouge, la croix de juillet, ou un chapeau blanc. On fit un procès au *National* qui avait avancé le fait : le fait fut prouvé jusqu'à l'évidence, et le *National* fut acquitté. Eh bien ! messieurs, savez-vous comment M. Odilon-Barrot qualifia alors le moyen de pacification inventé par le pouvoir ? Il l'appela une *chasse humaine* : c'était une traduction assez parlementaire du mot *assassinat,* et remarquez-le bien, c'était en 1831 qu'on tenait déjà ce langage.

Déjà aussi, à cette époque, la fermention était grande sur plusieurs points de la France : la révolution de juillet avait été détournée de sa route, la trahison commençait à se découvrir, et les citoyens murmuraient: à Bordeaux, le 13 septembre, le sang coule et plusieurs sont sacrifiés à la nécessité de réprimer l'émeute.. ..

A Paris, le 18 et le 19 du même mois, l'opinion se manifeste en faveur de la Pologne qui allait mourir ; on répond à l'opinion par des coups de baïonnette et des charges de cavalerie.....

En novembre éclate la première insurrection de Lyon. Je vous épargne le récit des moyens qui furent employés pour pacifier cette ville ; car j'aurai bien assez de vous parler de ce qui s'est passé dans cette malheureuse cité, lorsque pour la seconde fois la guerre civile lui demanda un sanglant tribut: je me contente de mentionner que pour que force restât à la foi, douze cents citoyens furent alors victimes.. .

En 1832, j'ai à signaler les troubles qui eurent lieu, le 2 Avril, dans la prison de S.te Pélagie. On fait feu, sans sommations, sur les prisonniers et l'un d'eux, le jeune Jacobeus, ouvrier imprimeur, est frappé par derrière et tombe mort. Qu'est-ce donc là autre chose qu'un *assassinat ?*

A Grenoble, la foule est traquée dans une rue où elle est cernée par la troupe . des deux côtés opposés de cette rue, dit le *Dauphinois,* une campagnie de voltigeurs appuyée par d'autres échelonnées en arrière, charge la foule, baïonnette croisée : ceux qui les voient venir essaient en vain de s'échapper ; refoulés sur le groupe principal, ils sont percés de coups de baïonnette. Nous avons vu des femmes, des enfans foulés aux pieds, frappés à terre ; et cette épouvantable boucherie n'eût pas eu de terme, si les fenêtres des magasins n'eussent offert un asyle aux citoyens. »

Poursuivons:

Le 5 mai, aux pieds de la colonne où de vieux amis de l'empereur étaient venus pieusement déposer quelques couronnes, des jeunes gens tombent percés de coups d'épée et sont achevés par terre.

Un mois après, le 5 juin, à la suite d'un solennel hommage rendu à la mémoire d'un grand capitaine, l'insurrection envahit Paris et se barricade au centre de la capitale. Pour la vaincre, le pouvoir fait gronder le canon contre St.-Méry, et il achète bien chèrement sa victoire.

Pour vous donner une idée de l'exaltation qu'encourageait alors le ministère, je vous rappellerai qu'un journal ministériel *(le Nouvelliste)* rapporta avec approbation que quatre individus établis sur la plate-forme de la porte St.-Martin, avaient été saisis par la garde nationale et fusillés sur le boulevard.

Six cents personnes périrent dans les funestes journées des 5 et 6 juin.

Le 29 juillet, dans la nuit, un groupe de jeunes gens agenouillés et chantant la *Marseillaise* sur le Pont d'Arcole, sur ce pont qui fut illustré, en 1830, par un si beau courage, sont attaqués par les deux issues. Ils sont blessés et jetés dans la Seine. Le lendemain, de grand matin, des hommes de police sont apperçus lavant les traces de sang. Quel nom donnerez-vous donc à un pareil fait, si vous ne voulez point l'appeler un assassinat?

L'année 1833 fut à peu près tranquille et exempte de secousses, et nous en remercions le ciel. Mais en 1834, le pouvoir eut occasion de se dédommager, et il se dédommagea avec usure. Vous allez en juger.

En février, des rassemblemens se forment sur la place de la Bourse. Ils sont dispersés par des assommeurs auxquels M. d'Argout transmettait ses ordres d'un cabaret voisin, et qui frappent indistinctement à coups de bâton les hommes, les femmes, les enfans, se précipitent comme des furieux sur les malheureux qu'ils ont renversés, les foulent aux pieds ou les traînent par les cheveux dans les corps de garde.

Dans la rue Vivienne, un père de famille, un ouvrier tout-à-fait inoffensif, le sieur Lechevalier, est percé de plusieurs coups de baïonnette, et son cadavre est porté chez sa malheureuse femme! Ce meurtre fut dénoncé à la tribune de la chambre des députés, et pour se justifier, les ministres ne trouvèrent d'autre excuse que *la nécessité*.

La nécessité! Toujours la nécessité!

Jusqu'à présent, messieurs, je ne vous ai rappelé que les moins coupables attentats du pouvoir contre la vie des citoyens. J'arrive à l'insurrection du mois d'Avril. Avant de dérouler devant vous l'affreux tableau de ce qui s'est passé à Lyon, permettez-moi de vous parler d'un bien triste martyrologe, en tête duquel est écrit en lettres de sang RUE TRANSNONAIN.

Dans la maison , N.º 12, de cette rue, quatorze meurtres ont été commis. Un enfant de quatre ans , une jeune femme, un vieillard, plusieurs honnêtes et paisibles ouvriers tombent victime d'une erreur de l'ordre public; ils sont lâchement égorgés, lâchement assassinés, parce qu'on avait cru qu'un coup de fusil était parti du quatrième étage de cette maison. On n'a jamais présenté d'autre excuse à un tel massacre, et il y a quelques uns des hommes qui l'ont commis, qui ont été décorés depuis.

Voici encore un horrible épisode de l'insurrection de Paris : Le 14 Avril, à sept heures du matin, un jeune homme blessé à la tête d'un coup de baïonnette et marchant avec peine, était conduit à la préfecture de police par un détachement de gardes municipaux. Tout-à-coup, dans un accès de désespoir dont on ne s'explique que trop la cause, il s'élance dans la Seine de dessus le parapet du pont Notre-Dame : ses gardes voyant le prisonnier leur échapper, traversent le pont en courant, et arrivés sur le quai aux Fleurs, font feu sur lui à l'endroit où ils le voyaient surnager, jusqu'à ce que le sang de ce malheureux vint rougir l'eau et que sa disparition subite leur eût prouvé qu'il ne vivait plus. (*Frémissement dans l'auditoire.*)

M. l'Avocat-Général : Mais vous alléguez là des faits , vous ne les prouvez pas : vous auriez dû produire des témoins.

M. Le Président : L'observation de M. le l'avocat-général est fort juste : tout ce que vous dites là n'a aucun caractère d'authenticité ; ce sont des extraits de journaux, et rien do plus.

M. Degouve-Denuncques : Le jury appréciera la manière dont je me défends : sur ce point, je m'en rapporte entièrement à ses lumières et à sa concience. Quant à l'observation que m'a faite M. l'avocat-général, que j'aurais dû produire des témoins , voici ce que j'ai à y répondre : les preuves orales ne sont admises que lorsqu'il s'agit d'un procès en diffamation : si les ministres se fussent crus diffamés, parceque nous les avons appelés *assassins*, et s'ils se fussent portés partie civile, nous eûssions produit des témoins. Dans le procès actuel , la loi ne nous permettait pas de le faire, et je m'étonne que M. l'avocat-général connaisse si peu la loi.

M. l'avocat-général et M. le président ne répondant rien à cette assertion , M. Degouve-Denuncque continue ainsi :

A Lyon la répression a encore été plus sanglante qu'à Paris. Durant six jours mortels, cette ville n'a retenti que des éclats du canon, du roulement de la fusillade et des sons lugubres du tocsin. Incendie, massacres, dévastations, elle a subi tous les fléaux de la guerre civile en six jours.

C'est dans les documens qui ont été présentés à la cour des pairs et dans les débats auxquels le grand procès, ce procès qu'on a si justement appelé le *procès-monstre*, a donné lieu, que je puiserai les faits que je vais citer.

M. LE PRÉSIDENT, interrompant de nouveau l'accusé : mais encore une fois, les preuves que vous alléguez ne prouvent rien : vous ne pouvez vous appuyer que sur des pièces qui ont un caractère authentique. Ainsi, je ne permettrai pas que vous présentiez ici, à propos des événemens de Lyon, des faits qui n'ont d'autre authenticité que celle que leur ont donnée les journaux.

M. DEGOUVE-DENUNCQUES : Ma défense est vraiment difficile : à chaque instant, je suis interrompu : il semble que ce soit un parti pris d'avance Vous ne voulez pas que je m'appuie sur des documens qui sont restés sans réfutation, parcequ'ils étaient irréfutables : eh bien ! je me soumets ; mais vous ne me contesterez pas au moins le droit de rappeler les débats du procès qui a eu lieu devant la cour des pairs et de passer succinctement en revue les faits qu'ils ont révélés.

M. LE PRÉSIDENT : Quant à cela, je n'y vois aucun inconvénient.

M.ᵉ DEGOUVE-DENUNCQUES, s'adressant au jury :

Vous rappelerai-je ces femmes enceintes égorgées en implorant la pitié ces soldats pour leurs maris, ces enfans tués sur le sein de leurs mères, ces vieillards fusillés dans leur lit ?

Vous rappellerai-je ces malheureux qui n'ont même pas trouvé asyle aux pieds des autels ; ces prisonniers qui s'étaient rendus et qu'on a passés par les armes dans l'église St.-Bonaventure ?

Vous rappellerai-je le sort de cet ouvrier qui, averti du danger par les cris de son frère qu'on massacrait, se réfugie dans le conduit d'une cheminée, où il est brûlé dans le feu d'une paillasse livrée aux flammes par les soldats ?

Vous rappellerai-je ces paroles que Caussidière jeta à M. Gasparin : « Mon fils, entendez-vous, M. Gasparin, est tombé percé de 64 coups de baïonnette, atteint par trois coups de feu aux pieds de l'autel des Cordeliers. Il a été *assassiné* avec un de ses camarades ?»

Écoutez maintenant quelques dépositions de témoins :

Voici ce que me raconta la veuve Jeinier. « J'étais dans mon domicile et mon mari aussi, quand les soldats firent irruption chez nous. Mon mari avait notre enfant dans les bras, un enfant de deux mois. On le prend, lui, le père, on l'entraine violemment dans l'allée : « Ecoutez-moi donc ! » dit-il, on ne l'écoute pas… . on le tue…! » *(Déposition de M. Charnier, audience du 2 juillet.)*

» Un homme, un militaire, fut assailli chez lui et entraîné ; sa femme suffoquait de sanglots : «Ne crains rien femme, dit-il; je suis un bon militaire, un homme d'honneur. Il est impossible qu'ils me veuillent du mal. » On le sépare violemment de sa femme qui s'attachait à ses vêtemens, on l'entraîne au milieu d'un grand nombre de cadavres déjà étendus. Son premier mot fut : « Capitaine !... Ce fut aussi le dernier : il tomba raide mort, et son cadavre roula au milieu de tant d'autres. » *(Idem.)*

« Un enfant de quatre ans s'attachait aux jambes de son père. Une femme voulait le sauver, lui, son mari. Elle se jeta à genoux , supplia, pleura, poussa d'affreux cris de douleur.... Rien... il fut tué.» *(Idem.)*

« Un vieillard, nommé Degoux, âgé de 92 ans était assis chez lui aussi tranquillement que le permettait sa position : il était paralytique. On frappa à la porte, il ne put ouvrir; la porte fut enfoncée, et l'on *assassina* ce malheureux vieillard qui n'avait pas ouvert, qui n'avait pu ouvrir, qui était paralytique, qui avait 92 ans!... On se précipitait sur des malheureux, on les torturait, on les lardait à coups de baïonnette ! Une femme enceinte en a reçu neuf dans le ventre..... Un jeune homme expirait je le vois encore.... C'est affreux! Je cours, j'avertis un médecin : « Donnez vos soins à ce malheureux; je vous en prie ! » Le médecin arrive..... inutile ! Fini ! Mort ! »... *(Carrier, audience du 5.)*

« Un accusé : N'a-t-on pas disposé des sacs de poudre pour faire sauter une maison? Un homme est descendu et a demandé qui avait motivé cette mesure; aussitôt il a été *assassiné*, *assassiné* sous mes yeux! Un encore!.. »

« Un autre accusé : Oui; et puis un troisième, qui était Auvergnat même sort. » *(Audience du 5.)*

« Le 5 avril je vis passer un prisonnier entre plusieurs fusilliers. Un quart d'heure après douze autres fusilliers passèrent conduisant un autre prisonnier. Ce malheureux se crampronna à l'habit d'un grenadier. Un coup de feu partit, le prisonnier tomba; les fusilliers s'éloignent alors à une certaine distance et font feu de nouveau sur un homme déjà mort. Ils s'emparent du cadavre, les uns par les pieds, les autres par la tête; ils le traînent jusqu'au parapet, et là ils se mettent à le balancer au-dessus de l'eau en criant, un, deux, trois ! et le cadavre tombe dans la rivière. Les pieds sortaient de l'eau , car la rivière était basse.

» Le cadavre y resta accroché par l'habit, et alors les soldats rechargèrent leurs armes et tirèrent comme à une cible. Nous vîmes alors des soldats qui faisaient pencher un prisonnier sur le parapet pour lui montrer le cadavre. M. Alexandre demanda à un soldat ce qui venait de se passer. « C'est répondit-il, un prisonnier que l'on conduit au quartier-général. » Le premier prisonnier avait été conduit près du général Aymar, mais ayant répondu d'une manière peu convenable : « *Faites en ce que vous voudrez !* » Avait dit ce général. » *(Déposition de M. Charassin, avocat.)*

Voilà des faits, messieurs, voilà des témoignages qui appartiennent à l'histoire : c'est là-dessus que nous nous sommes appuyés pour livrer au mépris, non à la haine, les hommes qui sont responsables de tant de malheurs.

Et maintenant, dites si le paragraphe de l'article sur lequel repose en quelque sorte toute l'accusation, vous paraît encore si coupable ! Dites si nous nous sommes conduits en mauvais citoyens, en répétant ce qui s'était dit devant la cour des pairs, en résumant dans cette phrase : *Jamais gouvernement n'a eu moins de respect pour la vie des citoyens*, toute les accusations dont le pouvoir avait été poursuivi, bien avant la publication de notre article, à la face même de sa haute cour de justice exceptionnelle.

C'est à vous, messieurs, d'apprécier les faits que nous venons de rappeler : à vous, en votre double qualité de jurés et de citoyens, de flétrir un système qui ne les a excusés qu'en invoquant la nécessité, qui n'a jamais eu une parole de blâme pour leurs auteurs et qui a même poussé l'immoralité jusqu'à affecter de les récompenser.

Nous en appelons à votre conscience : cette politique, cette doctrine de la nécessité, n'est-elle pas en dehors de nos mœurs ? n'est-elle pas une immoralité flagrante ? Comment, c'est dans le moment où l'on purge nos codes d'une partie de leur férocité c'est dans un moment où de tous côtés on réclame l'abolition de la peine de mort, que nous voyons faire un abus aussi horrible de la force brutale : et l'on voudrait que nous n'appellassions pas un pareil gouvernement, un gouvernement immoral ? Allons donc ! on voudrait nous faire condamner pour avoir flétri cette doctrine de la nécessité qui, pareille au géant de la fable, se repaît de cadavres ! Eh bien ! condamnez donc l'histoire, condamnez votre gouvernement lui-même, car l'histoire et votre gouvernement sont aussi coupables que nous. Je vais vous le prouver.

Voyez ce que l'histoire a dit des décrets de la Convention contre les Vendéens insurgés, contre les émigrés pris les armes à la main. L'histoire a flétri ceux qui donnaient ces ordres sanguinaires ; elle a loué, exalté nos soldats qui se refusaient à être les exécuteurs des hautes-œuvres du terrorisme. Et cependant, tenez compte des situations respectives de la Convention attaquée sur terre et sur mer, en France et hors de France, dans presque toute l'Europe enfin, et du gouvernement de 1830 en paix avec l'étranger et disposant de quatre cent mille hommes d'infanterie, de cavalerie, d'artillerie, de génie, d'une armée aussi forte que celle qui incendia le Kremlin, pour résister à quelques centaines d'insurgés mal armés, sans plan et sans discipline.

Eh quoi! il a été réputé cruel, barbare, infâme d'avoir donné ordre de passer par les armes les émigrés pris sur le Rhin, et l'on voudrait aujourd'hui qu'il fût réputé doux, humain, moral d'avoir donné ordre de passer par les armes les républicains insurgés! Eh quoi! il a été réputé noble et généreux d'avoir refusé d'exécuter les ordres de la Convention, et l'on voudrait aujourd'hui qu'il fût encore noble et généreux d'avoir exécuté à la lettre les instructions des philosophes et des généraux de la doctrine! Et dans un cas, il s'agissait de sauver l'intégrité du territoire; dans l'autre il s'agit de sauver le portefeuille de quelques intrigans!

Comparez les situations, les faits et prononcez.

Voulez-vous maintenant un jugement porté sur ces immolations sanguinaires des partis en lutte par le gouvernement lui-même? En Espagne, deux partis se font la guerre, guerre acharnée, guerre entre le despotisme et la liberté! pendant un an, les prisonniers des deux partis ont été *passés par les armes*, sans merci ni miséricorde. C'était un état de choses affreux et tellement contraire à toutes les lois divines et humaines, que pour mettre un terme à ces épouvantables massacres, la quadruple alliance dont fait partie notre gouvernement, a cru devoir intervenir. Lord Elliot, un plénipotentiaire, a été envoyé de Londres pour faire cesser, non la lutte, mais les monstruosités. Comparez les mœurs espagnoles aux mœurs françaises, l'état de la civilisation espagnole à celui de la civilisation française, et dites si ce qui est monstrueux, immoral en Espagne, a pu ne pas l'être en France ....

Vous voyez donc bien qu'à moins de condamner l'histoire, à moins de condamner le gouvernement lui-même, vous ne pouvez nous condamner pour avoir traité les donneurs d'ordres impitoyables avec autant de sévérité que l'histoire a traité les rigueurs inutiles de la Convention, pour nous être révolté contre des atrocités commises en France, de la même manière que le gouvernement s'est révolté contre des atrocités pareilles commises en Espagne.

Ce n'est point l'esprit de parti qui nous fait vous tenir ce langage; c'est votre intérêt; c'est notre intérêt à tous. Il faut que le pouvoir apprenne par vous que dans un gouvernement qui se prétend le meilleur de tous, et qui nous défend de dire le contraire, la vie d'un citoyen n'appartient pas à l'épée d'un sergent de ville, au bâton d'un assommeur ou à la baïonnette d'un soldat condamné à l'obéissance, auquel un général furieux aura dit: « Tuez tout ce que vous trouverez. » *(Mouvement.)*

Je le répète, vous êtes intéressés à exiger du pouvoir qu'il se montre enfin plus ménager de la vie des hommes; car qu'une émeute éclate demain à Douai, à Lille ou dans toute autre ville du département, et qui vous dit que vous ne verrez pas se renouveler les sanglantes saturnales de la rue Transnonain et des faubourgs de Lyon ?

En vain croirez-vous échapper à la dangereuse protection de l'ordre public en vous retirant dans nos compagnes. Le système de pacification inventé par les doctrinaires vous y poursuivra. De récens massacres ne sont-ils pas là pour vous prouver que ce n'est pas seulement quand l'insurrection s'est montrée que le pouvoir s'est armé pour la combattre. Dans les moindres circonstances et pour les plus petites choses, il a demandé aux baïonnettes et aux meurtrières ses grands moyens de répression. Ainsi, à Domgermain, un village regrette son curé, refuse d'en recevoir un autre, on l'installe à coups de fusils. Neuf citoyens sont frappés de mort pour que force reste à la loi….. c'est-à-dire à M. l'évêque de Nancy.

De tout ce que je viens de vous dire, je conclus que l'auteur de l'article était en droit de qualifier d'*assassinats* des faits auxquels on avait donné cette qualification avant lui, et par une conséquence très logique, je conclus encore qu'il était également en droit d'accuser d'immoralité le pouvoir qui justifiait ces assassinats, en soutenant que la nécessité de se défendre l'autorisait à les commettre.

Il serait bien temps, messieurs, que les gouvernemens reconnussent que la vie des hommes est une chose sacrée. Ce principe n'est pas encore écrit dans nos lois, mais il est profondément enraciné dans nos mœurs ; c'est même pour cela que nous sommes si forts contre les ministres lorsque nous leur reprochons de manquer de respect pour la vie de leurs semblables. C'est le sentiment de ce respect qui a déjà fait subir tant d'adoucissemeus à la pénalité de nos codes ; c'est ce sentiment qui va même jusqu'à réclamer l'abolition de la peine de mort, et qui, en 1830, en faillit obtenir de l'assentiment de tous les pouvoirs la consécration légale.

Eh bien ! c'est parce que le ministère nous a paru porter atteinte à ce sentiment qui est dans nos mœurs que nous l'avons accusé d'immoralité : nous ne l'avons si vivement attaqué que lorsqu'il a été évident pour nous qu'avec toutes les erreurs des gouvernemens qui l'avaient précédé, il avait aussi hérité de leur tendance à compter pour peu de choses la vie des hommes. Cette tendance semble, en effet, avoir été jusqu'à présent une des principales vertus de la monarchie française.

N'avons-nous pas vu, sous la restauration, un homme arriver aux plus hautes dignités de la hiérarchie militaire, ne l'avons-nous pas vu combler d'honneurs et de faveurs de toute sorte, et cela parcequ'il s'appelait Cadoudal, parcequ'il était le frère d'un assassin ? —Et ce n'est pas comme vous savez, le seul exemple que nous pourrions citer.

Voulez-vous remonter plus haut dans l'histoire de la monarchie? Nous trouvons Jacques Poltrot, remercié et récompensé pour avoir assassiné le rival d'un roi, le duc de Guise, et presque à la même époque, un autre roi de France disant à l'assassin du maréchal d'Ancre : « *Merci à vous, maintenant je suis roi !* »

Plus haut encore ; nous lisons dans *l'histoire des francs* de M. de Sismondi que Saint-Avitus, évêque de Vienne, ne craignait pas de dire à un roi bourguignon, assassin de ses frères, de ses neveux et de ses nièces, que « c'était le bonheur du royaume qui diminuait les personnes royales et qui ne conservait au monde que celles-là seules qui suffisaient à l'empire. »

Grégoire de Tours parle de Clovis encore tout sanglant d'assassinats sans nombre et il ajoute : « Dieu faisait tomber chaque jour quelques uns de ses ennemis sous ses mains et étendait les limites de son royaume, parce qu'il marchait avec un cœur droit devant le Seigneur, et qu'il faisait tout ce qui plaisait à ses yeux. »

A cette époque, messieurs, l'assassinat était réellement une chose *morale*, nous voulons dire que l'assassinat était dans les mœurs des temps ; c'était pour les rois, un moyen de se débarrasser des hommes qui portaient ombrage à leur pouvoir, et, pour les peuples, un moyen de se défaire de leurs tyrans.

Depuis lors, les mœurs du peuple se sont adoucies, mais elles ont marché plus vite que celles des pouvoirs qui ont passé sur eux. Ainsi, sous la restauration, quand le gouvernement comblait d'honneurs un homme, parcequ'il était le frère d'un assassin, le crime de Louvel excitait la réprobation de toute la France.....

Ainsi, en 1835, alors que le peuple était si vivement ému et indigné par les tristes révélations dont retentissait la cour des pairs, l'indignation et l'émotion ne lui ont pas manqué pour flétrir le crime de Fieschi.......

Eh bien, messieurs, quand il y a au cœur du peuple un si vif sentiment de moralité et de justice, pourquoi le peuple ne serait-il pas en droit d'exiger ce même sentiment dans ceux qui le gouvernent, et pourquoi nous qui sommes ses organes, ne serions-nous pas en droit d'attaquer le pouvoir, quand il manque à cette première condition de son existence ? Pourquoi, lorsque le peuple réprouve l'assassinat dirigé contre la personne du roi, ne serions-nous pas en droit de repousser, en son nom et dans son intérêt, l'assassinat autorisé et ordonné par les ministres contre le peuple ? J'espère que M. l'avocat-général voudra bien répondre à cette question, car tout le procès est là.

Maintenant, messieurs, que j'ai expliqué devant vous l'article incriminé, il me reste à vous présenter quelques considérations sur notre situation politique.....

M. le Président : Non ! non ! assez comme cela !

M. Degouve-Denunques : Sur ses périls et ses difficultés, et sur la part que la presse et le jury peuvent prendre dans la solution des nombreuses questions qui intéressent l'humanité.

Ici, messieurs, ma tâche s'agrandit : Je n'ai plus à vous parler ni de mes coaccusés, ni de moi......

M. le Président : Eh bien ! tout est dit.

M. Degouve-Denuncques : je n'ai plus à disputer au ministère public ni leur liberté, ni la mienne. J'ai à défendre des intérêts bien autrement graves ; j'ai, en un mot, à vous parler de notre présent et de notre avenir.

M. le Président : Vous venez de dire que vous n'aviez plus à parler ni de vous, ni de vos coaccusés : votre défense est donc complète.

M. Degouve-Denuncques : Permettez, M. le président : vous savez que l'ensemble de l'article est incriminé : à cet article se rattachent des considérations et des idées politiques d'un haut intérêt : il est donc naturel que je m'explique à ce sujet devant les hommes qui vont me juger.

M. le Président : Allons ! continuez !

M. Degouve-Denuncques :

Jetez les yeux autour de vous, et voyez ces événemens qui se pressent et se succèdent avec une promptitude et une mobilité qui révèlent l'agitation du monde.

Cette agitation sera plus vive de jour en jour, et le mouvemement rapide qui emporte les sociétés ne cessera point que les peuples n'aient conquis le degré de bonheur qui leur est dû, qu'ils n'aient obtenu de leurs gouvernemens la concession des droits qui leur appartiennent, et qu'enfin la politique ne soit en harmonie avec la morale publique et coordonnée à l'état de lumières et de civilisation vers lequel l'humanité progresse lentement, mais sûrement, infailliblement.

La presse dirigera ce mouvement. Vous savez, messieurs, tout ce que cette liberté a déjà procuré au monde de bien-être, de justice et de perfectionnement, depuis qu'elle existe. Vous savez combien de préjugés funestes elle a renversés, combien elle a agrandi le domaine de l'intelligence humaine ! Et cependant, tout n'est point encore fait ; il y a beaucoup de ruines sur le sol et bien des monumens dont on n'a encore posé que les premières pierres. Assurément, le travail serait plus avancé, si la presse, qui est la grande ouvrière, n'avait souvent rencontré des obstacles qui ont paralysé une partie de sa force. Ces obstacles, ils lui sont toujours venus de la part du pouvoir qui semble faire dépendre son existence de la lutte qu'il soutiendra contre elle : et en ce moment encore, n'est-ce pas le pouvoir qui veut restreindre son exercice et limiter ses bienfaits ?

Il s'agit, messieurs, de savoir si vous vous associerez à cette politique de résistance qui n'est plus maintenant qu'une politique de réaction et d'entraves, à ce système qui ne repose que sur des intérêts misérablement personnels, tout en affichant cependant la menteuse prétention de protéger les intérêts des peuples.

Ne semble-t-il pas, à entendre la coterie qui domine en ce moment, qu'elle seule ait la connaissance du bien et du mal? Que dans son sein tout soit vertu, hors de son sein tout soit crime? Ne semble-t-il pas qu'il faille renoncer à cette morale universelle qui règle les devoirs de l'honnête homme et du citoyen pour se confier à cette morale nouvelle que les doctrinaires ont assise sur l'égoïsme et qu'ils ne vivifient que par la corruption? Ne semble-t il pas que le salut soit à cette condition?

Ah! nous le savons, si la presse voulait accepter la carrière qu'on a ouverte devant elle : si elle voulait s'associer en aveugle au parti dominant, s'engager dans ses vues, se marier à ses passions, l'encourager dans son égoïsme, la presse ne serait plus un élément de désorganisation : on ne vous dirait plus qu'il faut réprimer ses excès et secouer sa tyrannie : vous ne verriez plus les parquets saisir les journaux et traîner devant la cour d'assises, gérans, auteurs et tout ce qui peut avoir pris une part quelconque aux délits dont ils accusent la presse. Alors, la presse serait la bien-aimée du pouvoir : les faveurs ministérielles tomberaient sur elle comme une bienfaisante rosée : les mains avares deviendraient prodigues, les haines se changeraient en sympathies; ce serait, en un mot, une surprenante métamorphose.

Mais, croyez-vous que le pays eut quelque chose à gagner à cette métamorphose? croyez-vous que son bonheur en fut plus certain et sa tranquillité plus réelle?

Oh! si telle était votre opinion, je serais bien malheureux si je ne parvenais à vous détromper. Croyez-moi, messieurs, si la presse venait à s'endormir, vous verriez se réveiller toutes les mauvaises passions, et nous suffisons à peine à combattre celles qui existent déjà. Si la presse ne se dressait plus devant eux comme une menace, les hommes d'état gouverneraient par le caprice au lieu de gouverner par la justice ; par la force et la violence, au lieu de gouverner par la raison et la bienveillance.

Mais, vous disent les hommes qui vous demandent des armes contre la presse, c'est la cause de l'ordre que nous défendons. — Non, messieurs, ce n'est que la cause de la tyrannie. — C'est la cause de la liberté. — Non, messieurs, ce n'est que la cause da l'oppression — Les intérêts de l'ordre ne s'allèguent que par bienséance, les intérêts de la liberté ne sont mis en avant que pour la forme. Il y a derrière ces mensonges, des questions d'amour-propre, de vanité, dé cupidité, que la presse à presque à moitié détruites et contre lesquelles elle lutte encore. Voulez-vous que ces questions renaissent ; voulez-vous que ces misérables intérêts, qui, pour se faire protéger, prennent le nom d'intérêts divins, se substituent aux véritables intérêts du pays ? associez-vous à tous ces efforts de l'orgueil, à tous ces désirs de vengeance, à tous ces vœux barbares que nous espérons voir échouer contre la raison publique. Voulez-vous qu'un jour la France se réveille dans les chaines de la servitude, pieds et poings liés, baillonnée et bridée ? proscrivez la presse......

Mais en secouant ce joug qui, si souvent, est un joug bienfaisant, craignez un autre joug, celui des révolutions. On a quelquefois comparé la pressse à une soupape de sûreté, laquelle laisse échapper la vapeur qui briserait la machine où l'on voudrait la renfermer. Cette comparaison est fort juste, messieurs ; tant que la presse pourra donner une issue à cette fermentation continuelle qui règne au sein de la société, vous n'aurez pas à craindre l'explosion des mécontentemens populaires.

Qu'au contraire, la presse succombe, qu'elle soit broyée par la roue doctrinaire qui, depuis trois ans, donne le mouvement à la société, et vous verrez renaître ces grandes tourmentes qui ne sont pas sans exemple dans l'histoire de notre pays. C'est alors que le peuple qui se voit sans défense et sans protection, sort de ces réduits où la misère à laquelle on veut qu'il se laisse silencieusement attacher n'aigrit que trop une nature bonne et généreuse ; c'est alors que sa toute puissance se révèle à lui par la voix de ses besoins ; c'est alors qu'il accourt en mugissant sur la place publique comme le flot poussé par un ouragan implacable ; c'est alors qu'on entend gronder le tonnerre des révolutions, et qu'éclatent ces tempêtes qui brisent les trônes en trois jours ; c'est alors que le peuple est roi et qu'on est forcé de se mettre à ses genoux. ... Si donc vous redoutez les révolutions, si vous craignez la domination du peuple, soyez-nous en aide, messieurs, soyez en aide à la presse car la presse est la meilleure sauvegarde des révolutions, car sa mission est de régler et de tempérer la domination du peuple. C'est ainsi que nous comprenons la presse, c'est toujours ainsi que nous la pratiquons. (*Nombreuses marques d'adhésion*).

Ah ! plût au ciel que cette grande reine, cette souveraine qui commande aux peuples et aux rois, eût déjà établi son empire sur toute la surface du monde ! Plût au ciel que depuis long-temps elle eût répandu sur toute l'Europe le bienfait de la lumière ! Croyez-vous, par exemple, que si jamais l'Espagne avait joui de la liberté de la presse, elle en serait encore à l'incendie des couvens et à l'assassinat des moines ? Oh ! non, ce malheureux pays n'eut pas vu éclater sur lui tant d'affreux malheurs, si la

presse avait pu lui apprendre que la force brutale est un mauvais argument, et que tout ce qu'elle concourt à édifier est sans garanties de durée.

Et d'un autre côté, croyez-vous que si les parens des victimes de Lyon
et de la rue Transnonain n'eussent pas eu foi dans la vengeance de la
presse qui a dénoncé ces massacres inouis à l'opinion publique, croyez-
vous que leur douleur eut été aussi résignée, leur indignation aussi muette?
Non! non! c'est parce qu'ils savaient que la presse ne laisse rien impuni,
c'est parce qu'ils savaient qu'elle dénonce tout à l'opinion publique qui
fait justice de tout, qu'ils ne se sont pas fait justice eux-mêmes.

Vous voyez donc bien, messieurs, que si la presse a quelques inconvé-
niens, que s'il y a quelques intrigans ou quelques fous qui en abusent, elle
offre en compensation bien des avantages.

M. Degouve-Denuucques présente quelques citations et
s'appuie, pour rendre plus évidente la nécessité de la liberté
de la presse, sur l'opinion des hommes d'état les plus dis-
tingués de la France et de l'Angleterre. Puis il ajoute:

Ah! c'est que ces hommes comprenaient qu'il n'y a point de garanties
pour la liberté sans opinion publique, et qu'il n'y a point d'opinion publique sans liberté de la presse. Quand la presse est étouffée ou persécutée,
les grands corps de l'état sont des masses isolées de la nation, sans vie et
sans force véritables? Savez-vous pourquoi le parlement d'Angleterre est
si fort aujourd'hui? savez-vous pourquoi il marche pacifiquement à la
conquête des réformes que les besoins de la civilisation commandent encore? C'est parceque le peuple est avec lui, c'est parce qu'il est ranimé
sans cesse par la voix nationale que la presse lui transmet, c'est parceque
la liberté de la presse existe dans ce pays comme portion essentielle et
indestructible d'une constitution libre. Sans cette liberté, tout est silence;
et les corps politiques qui existent dans ce silence ne savent conserver
qu'eux-mêmes..... aussi long-temps qu'ils peuvent se conserver.

Ce sont là, messieurs de graves considérations. Elles sont dignes de
toute votre attention, car elles intéressent le pays, et quand vous les mettrez
dans la balance où vous les peserez avec le délit qui nous est reproché,
peut-être y verrez vous une raison de plus de répondre par un verdict
d'acquittement aux poursuites si inconsidérées qui nous ont amené
devant vous.

Nous vous demandons cet acquittement non point comme une sanction
de nos opinions, qui nous appartiennent et que personne ici n'a le droit de
juger, mais comme un acte d'adhésion au grand principe de la liberté
de la presse.

Si vous nous acquittez, cela voudra dire que vous vous associez à la presse, que vous avez compris que vous, dont l'institution a déjà été si scandaleusement mutilée, vous ne pouvez exister sans elle, comme elle sait qu'elle ne peut exister sans vous.

Qu'il y ait donc entre nous une sainte et noble alliance ; donnons-nous la main, messieurs ; ce n'est qu'à cette condition que nous pourrons sauver la liberté. »

Un long murmure d'approbation accueille la fin de ce discours qui a été constamment écouté avec la plus religieuse atttention. Le calme avec lequel M. Degouve-Denuncques a présenté sa défense et la gravité de son langage, paraissent avoir produit une vive impression sur le jury.

M. Le Président donne la parole à M.ᵉ Legrand, avocat du barreau de Lille, qui dans l'ordre de sa défense, a été spécialement chargé de discuter la question de droit.

M.ᵉ Legrand s'exprime ainsi :

Messieurs les jurés,

Après la brillante discussion que vous venez d'entendre, il n'est plus qu'un seul genre de mérite auquel il me sera permis d'aspirer, c'est celui d'être bref ; et ce mérite, je tâcherai d'y atteindre.

Comme l'article que vous avez incriminé hier, l'article que l'on incrimine aujourd'hui remonte à une époque antérieure à la crise que la presse vient d'avoir à subir, et sous laquelle elle se débat encore.

L'article a pu vous paraître énergique ; mais vous vous l'expliquerez facilement, si, ramenant vos esprits aux circonstances sous l'empire desquelles il fut composé, vous vous pénétrez des émotions qui durent nécessairement agiter le cœur des écrivains patriotes.

Un crime affreux venait de répandre un voile funèbre sur le jour anniversaire de notre glorieuse révolution ; le roi presque seul de son escorte avait échappé à un péril imminent : de toutes parts, il y avait communauté de haine contre l'assassin, contre le monstre qui n'avait pas même le triste honneur du fanatisme, contre le bravo italien qui avait d'avance escompté son forfait ; et j'oserai le dire, sans crainte d'être démenti par personne, partout il y avait un défenseur qui s'attachait à la personne du prince, si miraculeusement sauvé.

L'*Echo du Nord* lui même, dont tout à l'heure on qualifiait l'opposition de républicaine, l'*Echo du Nord* contenait dans son numéro du 4 août, veille du jour où parut l'article incriminé, un article extrait du *Constitutionnel* qui exprimait les sentimens les plus touchans, les plus monarchiques même sur l'horrible désastre qui formait alors le sujet de toutes les conversations.

(Ici M.ᵉ Legrand donne lecture de plusieurs passages de cet article.)

Jamais plus belle occasion ne s'était présentée à un pouvoir vraiment jaloux de rallier les partis, que cette haine commune contre une lâche action, que cet intérêt qui portait tous les cœurs vers la personne du roi.

Ce sentiment est si français !

N'est-ce pas quand notre ennemi est frappé par un grand malheur que nous déposons plus facilement nos haines, pour aller au foyer domestique essuyer ses larmes ou pleurer avec lui ?

Mais il n'en fut pas ainsi : le pouvoir ne songea qu'à une seule chose ; ce fut à exploiter le crime qui lui mettait dans la main des armes qu'il n'aurait jamais osé prendre, et que le bon sens public, abandonné à lui même, lui aurait toujours refusées.

La conspiration des poudres fut jadis, sous Jacques I.ᵉʳ, le signal des p us violentes persécutions contre les catholiques ; le crime de Louvel servit de prétexte à la réaction monarchique qui immola la liberté de la presse et la liberté individuelle, sur la tombe du duc de Berri.

Le forfait de Fieschi offrit une occasion bien impatiemment attendue, d'asservir cette même liberté de la presse qui a fait la révolution et avec laquelle les hommes de la révolution ne craignent pas de dire qu'ils ne peuvent gouverner : elle est si coupable cette mauvaise presse ! C'est le bouc émissaire de toutes nos iniquités. Jamais Pitt et Cobourg sous la république ; Voltaire et Rousseau sous la restauration, n'ont été la cause de plus de maux ; elle démoralise le pays, elle arme le bras des assassins. Demandez plutôt au *Journal de Paris*, au *Moniteur du Commerce*, c'est à la presse qu'il faut attribuer l'assassinat des rois, le meurtre même de Henri III...... Bien heureuse encore qu'on n'ait pas mis sur son compte la mort de Jules-César, et les sanglantes catastrophes qui terminent ordinairement le règne des empereurs ottomans !

Et ce n'était pas seulement la presse républicaine que l'on accablait ainsi, c'était la presse constitutionnelle, la presse de l'opposition, la presse du compte rendu ; et les poursuites du pouvoir ne se bornaient pas à la saisie des journaux ; on arrêtait les écrivains les plus honorables: le loyal Carrel, le jeune Denuncques lui-même ont été arrêtées comme fauteurs ou complices du crime de Fieschi. Oui, messieurs, le jeune homme que vous voyez là *(mouvement dans l'auditoire)* si noble, si calme, ce jeune homme aux sentimens si généreux, à la raison si supérieure à son âge, ils l'ont emprisonné comme complice d'un monstre ! Mais regardez-le donc, messieurs... .. Et l'écrivain ainsi calomnié ne pourrait pas répondre aux hommes du pouvoir : Vous nous accusez d'immoralité et d'assassinat... mais c'est vous qui par les principes que vous proclamez, démoralisez le peuple, c'est vous qui êtes des assassins !......

Lorsque nous sommes menacés dans notre vie, la loi nous permet de prendre une arme et de tuer notre agresseur; et il nous serait défendu lorsque nous sommes insultés dans notre honneur, de ramasser l'outrage et de le cracher au visage de nos accusateurs !... Non, ce n'est pas là de l'attaque, c'est l'exercice du droit sacré de la défense personnelle. (*sensation.*)

Après avoir ainsi expliqué les circonstances dans lesquelles se trouvait placé l'auteur de l'article, M.ᵉ Legrand tout en soutenant la vérité des accusations qu'il renferme, accusations que M. Denuncques vient de développer longuement et avec force, prétend *subsidiairement* que les accusés ne peuvent être passibles d'aucune peine, attendu qu'ils n'ont attaqué que les agens du gouvernement et que la loi du 25 mars 1822 qui punit le délit d'excitation à la haine et au mépris du gouvernement du roi, a eu en vue le gouvernement considéré comme l'ensemble des institutions, et non la partie agissante, le ministère...... Il entre dans l'examen de cette question qui déjà sous la restauration avait été soulevée tant de fois, et qu'on ne devait plus s'attendre, dit-il, à voir discuter encore depuis la révolution.

L'article 4 de la loi du 25 mars 1822, est ainsi conçu :

« Quiconque par l'un des mêmes moyens aura excité à la haine et au » mépris du gouvernement du roi, sera puni d'un emprisonnement d'un » mois à quatre ans et d'une amende de 150 francs à 5,000 francs. La » présente disposition ne peut pas porter atteinte au droit de discussion » et à la censure des actes des ministres. »

Nous sommes sous le coup de cet article? en imputant aux ministres des faits qui certes *sont odieux et méprisables*, avons-nous commis ce délit, ou bien, faudrait-il pour cela, que nous eussions attaqué le gouvernement considéré dans son ensemble?

C'est cette dernière thèse que nous soutenons.

Et d'abord, en fait, avons-nous parlé seulement des ministres?...

Relisons les passages plus spécialement incriminés par M. le procureur-général : « Que nous a en effet enseigné le gouvernement, tant par la bouche de ses orateurs et la plume de ses publicistes, que par les actes de ses agens? Quelle morale a-t-il proclamée?

» Il a dit et répété sans cesse que le droit devant lequel il s'inclinait était la *nécessité* : au nom de la nécessité il a tout fait et tout excusé.

« Il a déshonoré une parente du roi, la duchesse de Berri, au nom de la nécessité. Quand il a rencontré une émeute dans la rue, ses agens ont frappé de l'épée ou du baton tout ce qui s'est trouvé devant eux, innocent ou coupable ; quand un homme lui a tiré un coup de fusil d'une maison, il a lancé ses soldats dans la maison, en leur disant : « Tuez tout ce que vous trouverez ! » Puis lorsque des enfans, des femmes, des vieillards ont été assassinés, il a légitimé l'assassinat ; il a décoré, comblé de faveurs les assassins. Jamais gouvernement n'a eu moins de respect pour la vie des citoyens. »

Il est évident que les accusations ne portent que sur les ministres : ce sont eux seuls qui ont pu donner les ordres impitoyables ; s'excuser à la tribune sur la nécessité ; récompenser les assassins : rien dans ces accusations ne peut s'appliquer au gouvernement considéré comme l'ensemble des institutions qui nous régissent.

Équivoquera-t-on sur les mots ? Dira-t-on que nous employons l'expression gouvernement, qu'il est clair pour tout homme de bonne foi que c'est ici un abus de langage, le tout pris pour la partie ?

Tous les jours le mot gouvernement est employé avec cette exception restreinte. Ne dit-on pas : Le gouvernement vient d'envoyer un secours de.... aux victimes d'un désastre ? Le gouvernement vient d'envoyer des médecins à.... pour étudier la peste ou le choléra ? Et bien certainement il s'agit dans ces deux cas du ministère et non du gouvernement constitutionnel.

C'est donc au ministère que nous nous sommes adressés, et à son égard l'excitation à la haine ou au mépris ne constitue pas un délit. C'est un droit, c'est un devoir quand le ministère commet des actes odieux ou méprisables.

Les simples lumières du bon sens suffisent pour vous éclairer sur cette question, MM. les jurés.

Admettez-vous le droit de libre discussion des actes ministériels ? Oui ; sans doute ; c'est bien le moins qu'on nous le laisse, aujourd'hui que nous ne pouvons plus discuter le principe du gouvernement. Et d'ailleurs, à cet égard, la loi de 1822 est explicite.

Admettez-vous également que les ministres puissent quelquefois commettre des actes odieux ou méprisables ? Oui, encore. Je puis donc discuter ces actes. Et comment, je vous prie, discuter ces actes sans vouer leurs auteurs à la haine ou au mépris ?

Ou accordez-nous ce point, ou déclarez qu'il n'y a pas de libre discussion possible.

La loi du 25 mars 1822 n'a donc voulu protéger contre la haine et le mépris que le gouvernement du roi, considéré comme l'ensemble des pouvoirs dont se compose la monarchie. « C'est-là l'action générale de cet ensemble ; c'est le mécanisme complet, le tout indivisible, inattaquable, inviolable, digne en tout temps et toujours du respect des citoyens, c'est l'arche sainte. » J'emprunte cette définition fort juste, à M.° Senemond, avocat, plaidant pour le *Véridique des Deux-Sèvres*. (1)

« Elle n'a pas entendu couvrir de la même protection (c'est toujours M.° Senemond qui parle,) « cette fantasmagorie perpétuelle de personnes et de systèmes ; ce composé de faiblesses, de vanités et de passions humaines; cette réunion d'hommes enfin, faibles de leur nature, censurables et accusables d'après la loi, que l'on appelle ministres. »

Ouvrons la charte et nous nous convaincrons de la vérité de ce que j'avance. Le premier chapitre est intitulé : *Droit public des Français*. C'est une sorte de déclaration de droits. Le chapitre deux porte pour titre : *Formes du gouvernement du roi*. Entrons dans les détails, l'analyse nous conduira à une solution.

Ceux qui soutiennent que par les mots *gouvernement du roi*, qui se trouvent dans la loi de 1822, on doit entendre le ministère, nous montreront, sans doute, sous cette rubrique : *Formes du gouvernement du roi*, les formes du ministère, sa hiérarchie, sa constitution. Point.

Les articles 12, 14 et 15 nous apprennent qu'au *roi* appartient la puissance exécutive ; que la puissance législative s'exerce collectivement par le *roi*, la *chambre des pairs* et la *chambre des députés* ; que l'initiative appartient également à ces trois pouvoirs. En un mot, ces trois articles et les suivans règlent la constitution complète de l'état, et il n'y est question des ministres que pour enseigner qu'ils sont responsables.

Faut-il épuiser la question, empêcher qu'elle fasse encore la moindre difficulté ? Remontons à la discussion de cette loi même dans les chambres. Écoutons l'opinion de deux hommes, qui certes, ne passaient pas pour des amis bien tendres de la presse : MM. Dudon et Pardessus, le savant auteur du cours de droit commercial.

« Cette confusion des mots *gouvernement du roi*, avec ceux d'*actes ministériels*, disait M. Dudon, a donné lieu à diverses condamnations judiciaires dont je déplore l'erreur. Les officiers du ministère public, qui l'ont partagée, ont soutenu qu'attaquer des ministres isolément ou le ministère collectivement, à raison d'actes déterminés, c'était attaquer le roi qui les nomme et le gouvernement du roi. Une pareille doctrine

---

(1) Gazette des tribunaux du 19 janvier 1832.

rendait impossible le blâme des actes ministériels ; la liberté de la presse était annulée dans son véritable objet, dans son but utile ; et c'est ce qui me porte à soutenir l'amendement de la commission. »

Voici ce que disait, à la même occasion, M. Pardessus : « Les mots *gouvernement du roi*, insérés dans l'article en discussion, signifient-ils le ministère, même pris collectivement, composant ce que nous appelons le *conseil des ministres ?* Voilà toute la question ; pour la résoudre, je ne crois pas avoir besoin de recourir à beaucoup de raisonnemens. Il y a de ces vérités dont l'évidence frappe ceux mêmes qui ne sauraient comment les exprimer ; il y a des choses qu'on sent et qu'on aurait de la peine à définir. Quand nous disons : *Le ministère est attaqué, le ministère sera renversé, le ministère est changé*, croyons-nous dire *le gouvernement est attaqué, le gouvernement sera renversé, le gouvernement sera changé ?* Non, messieurs ; un député fidèle attaque, s'il le croit de son devoir, non seulement quelques ministres, mais un ministère entier ; et certes, il croirait recevoir une insulte si on lui disait : *Vous attaquez le gouvernement.* Le ministère et le gouvernement ne sont donc pas la même chose ? Le gouvernement, c'est-à-dire le roi, considéré dans l'ensemble de son action sur la société, est immuable. Le ministère change, et ce changement plus ou moins utile au gouvernement, n'est point, vous le sentez, un changement de gouvernement. »

Vous faut-il d'autres autorités ? Faut-il développer l'opinion sur ce point favorable à mon système, de MM. Odilon-Barrot (1), Bernard de Rennes, (2) Michel de Bourges, (3) Hennequin ? (4) On me dira peut-être que ce sont des orateurs de l'opposition, trop intéressés dans la question. Passons donc.

Mais vous écouterez une opinion, j'espère bien désintéressée, celle du secrétaire-général actuel du ministère de la justice, de M. Renouard, plaidant, en 1830, la cause de M. Dubois, aujourd'hui député, alors rédacteur du *Globe*, aussi prévenu d'excitation à la haine et au mépris du gouvernement du roi : (5) « Le gouvernement du roi, disait M. Renouard, c'est l'ensemble de nos institutions, le ministère en est une partie, mais une partie responsable, attaquable ; ce n'est ni le roi seul, ni la seule majorité des chambres qui est le gouvernement du roi. On a proposé, dit-il, une autre interprétation ; le gouvernement du roi pouvait

---

(1) Gazette de tribunaux du 23 mars 1830.
(2) Idem 28 novembre 1829.
(3) Idem 24 décembre 1829.
(4) Idem 13 novembre 1828.
(5(Globe du 17 mars 1830.

s'entendre des gouvernemens, des règnes. Eh bien soit ! Mais le règne de Louis XVIII appartient à l'histoire ; nous n'avons pas dit un mot du règne de Charles X., qui appartient à l'avenir ; laissez-nous croire que les acclamations qui ont salué son avènement et la restitution de la liberté de la presse, qui retentirent plus vives à la chute du ministère Villèle, nous les entendrons encore au renversement du *ministère haï et méprisé* qui a faussé le gouvernement du roi. L'expression de ce gouvernement, c'est la loi ; ce n'est pas la volonté mobile des ministres.

» La prétention du ministère à se faire passer pour le gouvernement du roi tend à se rendre invulnérable, irresponsable et à soustraire à toute censure les personnes et les actes des ministres. Cette censure, cependant, est la plus simple, la plus évidente des conditions du gouvernement représentatif ; c'est le prix auquel s'achète le bonheur d'être ministre, bonheur tant envié et auquel on tient si fort quand on l'a obtenu. Quand nous attaquons le ministère, ce n'est pas le gouvernement royal qui est notre adversaire, c'est le parti de la contre-révolution dont le ministère est le champion et le représentant. Nous attaquons le ministère, non pas parcequ'il est le gouvernement du roi, mais parcequ'il a faussé, méconnu l'esprit de ce gouvernement, parcequ'il a, par lui et par les siens, répandu contre les lois et leurs organes le fiel et l'injure. »

A cette séance où M.ᶜ Renouard plaidait si éloquemment la cause de la liberté de la presse, assistaient MM. de Broglie et Guizot, et tous les rédacteurs du *Globe* : les journaux racontent qu'il fut vivement complimenté par tous ses amis. Après cela, j'abrège ; j'écarte, pour en finir, l'opinion si imposante de M. Boyard, conseiller à la cour royale de Nancy ; qu'il a émise dans deux de ses ouvrages ; (1)

L'opinion si spirituellement exprimée par M.ᵉ Berville, (2) plaidant pour ce même M. Leleux que je défends aujourd'hui.

Et de l'autorité des raisons, si je passe à la raison des autorités, vous citerai-je les nombreux jugemens qui, sous la restauration, ont consacré le système que le ministère n'est pas le gouvernement du roi ?

Il résulte d'une statistique dressée par M.ᵉ Faustin Hélie, (3) l'un des auteurs de la théorie du code pénal, qu'en 1831, sur 57 individus poursuivis pour ce délit d'excitation à la haine et au mépris du gouvernement, 45 furent acquittés.

---

(1) De la magistrature dans ses rapports avec la liberté de la presse et la liberté individuelle. (1827. p. 288.)

Et des élections selon la charte et les lois du royaume. (1828. p. 279.)

(2) Annales du barreau français, plaidoyer pour M. Leleux (p. 585.)

(3) Du jury appliqué aux délits de la presse (p. 9.)

Je vous fais grâce, MM. les jurés , de tous ces jugemens et de leur répétition fastidieuse.

Je me bornerai à un seul qui, dans l'espèce, apporte avec lui une autorité toute particulière. Je veux parler du jugement rendu par le tribunal de Lille, dans une affaire du même genre intentée contre l'incorrigible M. Leleux. Car vous le savez, messieurs , et bien que nous reculions à grands pas vers la restauration, nous ne croyons pas avoir à craindre pour M. Leleux les peines de la récidive, et nous pouvons encore considérer ses délits comme des titres de gloire ; huit fois cet intrépide athlète de la liberté de la presse a paru sur la brèche avec des chances diverses. Cette fois , il n'avait pas trouvé de défenseur ; il a fallu qu'il m'affirmât tout-à-l'heure ce fait à plusieurs reprises pour que je pusse y croire. Il plaida lui-même sa cause , et termina ainsi une brillante défense que tous les journaux ont rapportée. (1)

« Notre tâche est désormais remplie : nous nous confions pleinement à l'équité de nos juges ; qu'ils nous permettent un dernier vœu , celui de voir la liberté d'écrire et de penser sortir victorieuse du combat que lui livrent ses ennemis ; mais si elle devait jamais succomber dans la lutte , nous couvririons sa sainte image d'un voile de deuil, nous conserverions son culte dans notre cœur , et nous aimerions toujours à nous rappeler cette prédiction d'un poëte qui la chérit :

> Ils tomberont ces amans de la nuit.
> La force comprimée est celle qui détruit.
> C'est quand il est caché dans un nuage sombre,
> Que le tonnerre éclate et luit,
> Et la chute est facile à qui marche dans l'ombre.

M. Leleux fut acquitté par jugement du 24 janvier 1827, dont voici les considérants : (2)

« Attendu que d'après les articles 13, 14 et 15 de la charte constitutionnelle , le gouvernement du roi se compose tout à la fois du roi, comme chef suprême de l'état , de ses ministres responsables et des deux chambres ;

« Attendu en fait que l'*Echo du Nord*, en insérant dans son journal du 5 janvier du présent mois , deux articles extraits des journaux intitulés le *Constitutionnel* et le *Courrier français*, contenant des expressions exagérées , répréhensibles , censurant et blâmant dans des termes outrés le projet de loi présenté sur la police de la presse, ne paraît pas néanmoins avoir excité à la haine et au mépris du gouvernement du roi , dans

---

(1) *Gazette des Tribunaux* du 23 janvier 1827.

(2)   Idem   du 28 janvier 1827.

le sens prévu par les articles 2 et 4 de la loi du 25 mars 1822 , puisque le dernier paragraphe de ces articles porte textuellement que *la présente disposition ne peut porter atteinte au droit de discussion et de censure des actes des ministres* ;

« Le tribunal renvoie, etc. »

Quoi de plus péremptoire ! Faut-il après cela continuer de défendre M. Leleux ? N'est-ce pas reprocher implicitement au ministère public de n'avoir pas assigné avec lui, sur ces bancs , les juges du tribunal de Lille, qui sont les vrais coupables, puisque c'est leur opinion solennellement exprimée qui a fortifié mon client dans la sienne, et qui l'a fait retomber dans le même délit. Je m'arrêterais bien ici ; mais ce serait dommage. J'ai à vous citer une dernière autorité, la plus concluante de toutes , celle d'un ministre, de M. Thiers. Outre le crédit bien fondé qui doit s'attacher naturellement aux paroles d'une excellence, celles que je vais rapporter ont le mérite tout spécial de s'appliquer si bien au cas qui vous occupe, que vous serez peut-être tentés de croire que j'ai profité du passage de M. le ministre de l'intérieur à Lille , pour le solliciter de sa complaisance. Non , elles sont tout bonnement extraites du discours prononcé par M. Thiers, en réponse à M. Royer-Collard , le 25 août 1835.

M. Thiers rappelait le libéralisme des quinze ans, et les vœux de ses écrivains : « Ce que nous demandions , nous sommes tout prêts à le reconnaître, et ne prenez pas cette expression comme indiquant l'idée d'une concession. Non , la liberté de la presse ne peut être une concession de personne; c'est la conquête du temps, du pays; c'est la conquête des hommes illustres qui l'ont fondée ; c'est la conquête du sang du peuple ; c'est la conquête de vous-mêmes , messieurs , le jour où vous avez voté la charte. Et ce que nous vous demandons est-ce *la liberté de discuter les actes ministériels sans mesure? Oui ; la liberté de nous* CALOMNIER? *Oui encore ; la liberté de nous imputer des faits vrais ou faux, et plus souvent faux que vrais? oui , encore ; la liberté d'exciter contre nos personnes la* HAINE, *le* MÉPRIS, *tous les sentimens injustes? Oui , encore.* Cette liberté, nous l'acceptons, et je n'appelle pas cela une concession ; ce serait de ma part une chose insensée. Mais je dis que nous acceptons aussi franchement et sans réserve les conditions du gouvernement représentatif. Qu'on nous attaque , qu'on discute nos actes sans mesure , sans réserve , il ne nous arrivera jamais de nous plaindre ; nous ne nous en sommes jamais plaints. *Pour mon compte , si je voyais des ministres effrayés de la liberté de la presse, j'aurais pour eux un profond mépris.* »

M. de Broglie , dans cette même discussion , disait à peu près la même chose. Les ministres conviennent tous que c'est une des conditions de leur

position, une charge inhérente à ce banc de douleur, auquel ils ne tiennent tant que parcequ'ils y sont attachés par des chaînes d'or.

Aussi M. Thiers s'exécuta de bonne grâce. Il veut être calomnié, lui ;
et M. le procureur-général ne le veut pas. Prenez garde, M. le procureur-
général, et rappelez-vous l'officieux du *Médecin malgré lui* et la *Femme
de Sganarelle*.

Mais ici, l'auteur de l'article a-t-il calomnié ? Ah! plût au ciel que le
tableau des assassinats qu'il a déroulé ne fût qu'un tissu de mensonges!
qu'avec plaisir nous courberions la tête sous le poids d'une condamnation,
si, pour nous confondre, on pouvait faire reparaître, à nos yeux affligés,
les victimes dont nous déplorons la fin sanglante.

J'ai lu dans les causes célèbres qu'un homme accusé, par ses ennemis,
d'avoir tué sa femme, n'eut pas de meilleurs témoins à décharge à présenter aux juges que cette femme elle-même.

Sophocle accusé, par des fils ingrats, d'avoir perdu la raison, récita
devant l'aréopage son admirable tragédie d'*OEdipe*.

Et vous, voyons, quel démenti de ce genre allez vous donner ? Non,
non, les morts ne reviendront pas ; et l'auteur de l'article, et Édouard
Denuneques qui vient de prouver ses accusations, n'ont été que trop
véridiques.

Ah ! sans doute, ces effroyables massacres, les ministres s'ils pouvaient
en être témoins, ne les ordonneraient pas de sang froid. C'est une fatale
nécessité de ce système ennemi de toute concession et qui, à la moindre
résistance, brise les villes comme les conseils municipaux.... Ils sont
violents, savez-vous pourquoi ? M. Guizot vous l'apprendra :

« Inhabile, le pouvoir est poltron ; poltron, le pouvoir est violent.
Poussé de l'inhabilité à la peur, de la peur à la violence, il n'a de ressource que dans l'iniquité. » (1)

Ils commandent, et dans l'exécution de leurs ordres impitoyables, ils
ne rencontrent pas toujours des subalternes comme ce vicomte d'Orthez,
dont M. Persil honorait jadis, dans un procès mémorable, la noble rebel-
lion. Trop souvent les subalternes dépassent les ordres de leurs maîtres.

Rappelez-vous donc, messieurs, le funeste événement de Domgermain.
Il est oublié sans doute.

Dans le temps où nous vivons un meurtre en a bientôt fait oublier un
autre. Sous la restauration, l'opposition jeta dix ans à la face du gouvernement le meurtre de Lallemand, tué par derrière par un soldat de la
garde ; elle lui éleva un superbe monument au père Lachaise, dans le

---

(1) Des conspirations et de la justice politique.

même cimétière où les restes de Ney gisaient couverts de la pierre des suppliciés. Le père Lachaise ! il ne serait pas assez vaste s'il devait renfermer aujourd'hui les victimes tombées dans nos troubles sous le fer ou le plomb des agens du gouvernement : c'est à peine si les catacombes suffiraient à leurs ossemens !

Rappelez-vous Domgermain ! de malheureux paysans, ivres, qui jouent aux barricades, après avoir refusé un curé envoyé par leur évêque.., un sujet tout trouvé pour un émule de Boileau, qui aurait voulu faire un pendant au lutrin. Bien loin de là ! des soldats sont lancés sur les inoffensives barricades, et, après trois sommations qui ne peuvent être entendues, un feu de peloton, et huit victimes tombent percées de balles......

Maintenant, punissez l'écrivain qui a dit que jamais gouvernement n'avait montré moins de respect pour la vie des citoyens !

Ah ! Ce n'est pas, croyez-le, la haine du ministère qui nous fait parler ainsi, c'est la haine du sang : il a assez coulé.

Anathême aux meurtriers, qu'ils tuent au nom de la religion ou de l'impiété, de la liberté ou de l'absolutisme, qu'ils commandent les vêpres Siciliennes, la St. Barthélémi, les dragonnades des Cévennes, les massacres de septembre, l'assassinat du duc d'Enghien, ou celui du maréchal Ney ! je ne vois pas la couleur du drapeau, je ne vois que la couleur du sang, et pour emprunter une péroraison aux habitudes poétiques de mon client, je m'écrirai volontiers en terminant :

> Exterminez, grand Dieu, de la terre où nous sommes,
> Quiconque avec plaisir répand le sang des hommes.

Ces dernières paroles prononcées avec une chaleur que fait ressortir le ton de dignité et de fine moquerie habituel à l'orateur, produisent une vive sensation sur l'auditoire qui a encore présent à l'esprit le tableau des massacres que vient de lui dérouler si énergiquement M. Denuncques.

M. Le Président : M.ᵉ Huré, voulez-vous prendre maintenant la parole ?

M.ᵉ Huré : J'attendrai que le ministère public ait répliqué.

M. l'Avocat-Général se lève, et pour réfuter M. Degouye-Denuncques, il fait quelques allusions à la mémoire de son père. Le public entend avec peine ces allusions déplacées.

Selon M. Le procureur-général, M.ᵉ Legrand seul est entré dans la véritable question du procès : il rend hommage à la modération et au caractère de cet avocat, presque notre compatriote, ajoute-t-il, et que nous entendons toujours avec plaisir.

« Quelque soit, dit en terminant M. l'avocat-général, le verdict que vous allez rendre, nous aurons la conscience de n'avoir fait, dans cette affaire, que notre devoir, et nous vous laisserons toute la responsabilité de l'acquittement que vous pouvez prononcer, comme de la condamnation que nous réclamons encore de vous, au nom des intérêts les plus sacrés de la société. »

M.ᵉ Huré prend la parole.

Nous regrettons de ne pouvoir reproduire la belle et éloquente plaidoyerie de ce jeune avocat ; il nous a été impossible de la recueillir.

M.ᵉ Ch. Ledru demande à ajouter encore quelques mots, et complète la défense par une improvisation, qui, à diverses reprises, est interrompue par les applaudissemens de l'auditoire.

M.ᵉ Ch. Ledru :

Messieurs, dit-il, je ne prends pas la parole pour rentrer dans la discussion. Si je me lève.... ne craignez pas que j'abuse de vos momens. Mais j'ai besoin de décharger mon cœur d'un poids qui l'oppresse..... daignez me le permettre. (*Silence profond dans l'auditoire.*).

Ce jeune prévenu qui est là à mes côtés et dont les accens ont si vivement ému vos âmes, ici je dois vous dire ce qu'il fut pour moi.

Il y a deux ans, un homme était mourant : il me fit appeler près de lui, et dans ses touchans adieux il m'invitait à faire partie du conseil de sa famille. C'était le père de mon client.... de mon ami. En acceptant cette sainte mission ; je ne m'attendais pas, messieurs, qu'un jour elle dût m'imposer le douloureux spectacle de ce qui s'est passé à cette audience.

On a évoqué dans cette enceinte l'ombre du père, en appelant des condamnations sur le fils. C'est à moi de les venger tous deux. (*M.ᵉ Ch. Ledru est profondément ému ; l'auditoire partage son émotion.*)

M. Pasux : L'avocat ne nous a pas compris : c'est un devoir pour nous de dire qu'il dénature notre pensée.

M • **Ch. Ledru** : Vous avez fait intervenir ici l'ombre de M. Denuucques, ancien conseiller à cette cour.

M. **Preux** : Nous ne l'invoquions pas dans la pensée que vous nous prêtez.

M.° **Ch. Ledru** : Tout le monde dans l'auditoire s'y est mépris comme moi ; car en résumé vous demandez condamnation contre le fils , et vous vous êtes adressé à l'ombre du père... néanmoins nous acceptons votre rétraction.

M. **Preux** : Nous n'avons rien à retracter.

M.° **Ledru** , Alors j'accepte vos explications.

M. **Preux** : Nous ne vous devons pas d'explications.

M.° **Ledru** : Pourquoi donc m'interrompez-vous ? Quoiqu'il en soit, poursuit M.° Ledru , puisque des mots imprudents sont échappés à M. l'avocat-général et qu'il reste dans la cause une question de moralité, j'éprouve le désir et le besoin de vous parler non plus de tout ce qui a été discuté , mais de la personne de mon client. Peut-être ma voix aura-elle quelqu'autorité ; car les dernières paroles de son père sont encore présentes à mon souvenir , et je veux vous dire si le fils y est resté docile.

Que reproche-t-on avec tant d'amertume à M. Denuncques ? D'avoir procuré à l'*Echo du Nord* un article rempli de mauvais principes ? examinons donc d'après ce même article , quelle règle de conduite politique a été adoptée par l'honorable prévenu.

L'article incriminé exprime de l'indignation contre le profit honteux que le pouvoir a tiré de l'attentat du 28 juillet : voilà la pensée principale. En second lieu il rappelle que le ministère s'est fait un moyen de gouvernement de la violence , et à cette occasion il cite les embrigademens de 1831 et les assassinats de la rue Transnonain , etc. , etc.

M. Denuncques se serait-il trompé ? aurait-il , comme on dit , calomnié le gouvernement ?

Si M. Denuncques s'était trompé , ou s'il avait été trop sévère , je dirais encore , messieurs , qu'au moins , tout en relevant ses erreurs ou en blâmant sa sévérité on devrait rendre hommage à la droiture de ses intentions.

Ce qui fait le malheur de notre temps , ce n'est pas qu'il y ait trop d'hommes , osant au milieu de *l'intimidation* et de la *terreur* , s'élever contre les brutalités et les mauvaises tendances du pouvoir; c'est , au contraire , qu'il y en ait trop peu qui , comme Denuncques , conservent dans l'avilissement général , la dignité de leur caractère en protestant , au péril de leur liberté , contre les immoralités dont chacun gémit tout bas.

Que voulez-vous, M. l'avocat-général? Ce jeune homme est pur ; il croit au bien , à l'honnêteté ; il croit, dans sa noble illusion, que les gouvernemens doivent comme les simples citoyens respecter ce qui est éternellement juste : il ne comprend pas ce compromis honteux des consciences qui acceptent comme bon et saint tout ce qui est revêtu de la sanction de la force......... et à l'aspect du dégradant spectacle qu'il a sous les yeux , il n'est pas maître de son indignation.

Plaignez-le, mais ne l'accusez pas. Oui, plaignez-le, et c'est ici que je dois relever un expression qui vous est échappée, à l'occasion de la correspondance départementale dirigée à Paris par M. Denuncques.

Vous avez parlé d'*exploitation* de nouvelles...., le mot est un peu sévère : mais savez-vous comment M. Denuncques se donne à cette *exploitation*, apparemment lucrative et très douce selon vous ; car c'était là le sens intime de vos paroles?

Livré par goût et par dévoûment à la politique, mon ami a cru qu'il pouvait apporter un utile secours à la presse départementale, et cela en lui adressant tous les jours une sorte de bulletin des actes et des empiétemens du pouvoir. De sa part, jamais de faiblesse, jamais de capitulation de conscience : toutes les illégalités il les flétrit, toutes les bassesses il les dévoile ; ce noble métier il l'exerce, lui, fils de magistrat de cour souveraine, fils et frère de député, indépendant par sa fortune et sa position, il l'exerce au prix de son repos, souvent au prix de sa liberté... et pourquoi ne le dirai-je pas ? *Au prix de son présent et de son avenir.*

Les reproches que vous lui adressez, je les lui ai faits moi-même, je vous l'avoue ; mais pour d'autres motifs.

Ami sincère, je lui ai dit : « pourquoi vous exposer toujours des premiers » aux rigueurs du pouvoir? pourquoi ne pas suivre comme tant d'autres les » carrières qui vous sont ouvertes ? On épuise inutilement sa vie à lutter » contre la dépravation dans un siècle qui n'est qu'égoïsme et lâcheté. Ah ! » laissez la politique....... vous êtes trop bon, trop sincère, trop généreux..... Quand on n'est pas assez vil pour se jeter corps et âme dans » cette mer de corruption, il faut être assez sage pour vivre dans le cercle » des devoirs faciles et attendre des jours meilleurs. »

J'avais raison de lui parler ainsi : jugez-en ! à 25 ans voici la seconde fois qu'il est traîné devant les assises. .... si encore il souffrait seul des persécutions auxquelles il se condamne ! mais non , je vois là, derrière le magistrat qui préside à ces débats, un autre magistrat de cette cour, Écoutez ce que lui valut à lui-même la courageuse conduite de Denuncques; il y a quelques mois à peine je le rencontrai, lui, député de la France, attendant dans l'antichambre d'un juge d'instruction qu'on lui permît d'aller embrasser son frère qui était sous les verroux.

« Que font donc ces gens là de l'honneur des familles, me disait-il, en cachant à peine ses nobles larmes ? Arrêter mon frère comme complice de Fieschi....... quel est donc aujourd'hui le rôle de la justice ? » Magistrat, il ne comprenait pas ce que c'est que cette justice qui prête la main à la politique, c'est-à-dire qui consent à s'abaisser jusqu'au rôle d'instrument de l'autorité, et cependant, qui le croirait ? Le procureur-général dans le ressort duquel Edouard Denuocques était emprisonné sous prétexte de complicité dans un assassinat, c'est aussi un ancien ami de son père... (1) Il me souvient que son fils daigna lui permettre d'approcher du lit de mort ! *(Sensation profonde.)*

Voilà, messieurs, l'existence à laquelle s'est voué M. Denuncques. J'en ai dit assez à cet égard pour répondre à la phrase ambiguë de M. l'avocat-général.

Ai-je besoin à présent de justifier, non plus ses intentions que vous connaissez ; mais les allégations de l'article ? Non : nos collègues se sont si bien acquittés de cette tâche qu'il ne m'est pas permis d'y revenir.

Cependant je ne puis laisser sans réponse le reproche de calomnie adressé à l'auteur de l'article au sujet des assassinats de la rue Transnonain.

Nos collègues vous ont cité des détails de cette horrible scène ; — ils ont été les échos de la clameur publique ; j'irai plus loin qu'eux pour vaincre l'incroyable scepticisme de M. l'avocat-général.

Il ne croit pas aux dépositions consignées dans le mémoire de M. Ledru-Rollin, mon confrère à la cour royale de Paris, dont le beau travail est à la fois une si belle action ; il ne croit pas à ce qu'ont rapporté tous les journaux ; eh bien, il ajoutera foi apparemment aux paroles d'un ministre : car ici le doute serait un crime.

Écoutez donc, c'est M. Thiers qui parle devant la chambre des pairs, dans la séance du 23 janvier 1835.

« Savez-vous pourquoi il y a eu une rue Transnonain ? C'est que l'on » craignait que la justice ne fût pas rendue ; *moi-même, j'ai entendu* des soldats dans l'emportement de la colère, *se promettre une justice* qu'ils n'attendaient pas *du cours régulier des lois.* » *(Sensation générale.)*

Faut-il prouver les autres violences qu'a flétries Denuncques, les embrigademens de la place de la Bourse ?

Encore de la calomnie, dit-on, vous insultez le gouvernement le plus humain qui ait jamais existé, et d'ailleurs apportez la preuve légale de vos allégations, sinon, nous avons le droit de dire que vous n'êtes que des diffamateurs.

---

(1) Note de l'Éditeur. — M. Martin, — lequel ainsi que l'empereur Nicolas, ajouté à son nom (du Nord).

A cette objection je pourrais opposer des documens positifs : je les passe sous silence.

Je préfère apprendre à M. l'avocat-général ce que sont les preuves judiciaires en matière politique, et puisqu'il a voulu faire descendre le barreau lui-même personnellement dans l'arène, je me permettrai de répondre par un fait qui me touche de près.

En 1827, quelques jours après les massacres de la rue St.-Denis, un jeune homme se présenta au parquet du procureur du roi de la Seine ; il venait y déposer une plainte contre MM. Delaveau et Franchet. Tout fut mis en œuvre pour le rebuter : « vous insultez le gouvernement ; vous » encouragez l'anarchie ; vous êtes un enfant perdu de la révolution ; *vous* » *vous ferez du tort*, lui disait-on. » Car c'est là l'argument d'usage.

Rien n'ébranla sa résolution, et puisque c'est de moi qu'il s'agit, je vous dirai, M. l'avocat-général, que j'eus l'honneur dans cette circonstance de faire évoquer par la cour royale, l'affaire des troubles de la rue St.-Denis.

Il y eut un arrêt de non lieu : ce ne fut ni ma faute ni celle du courageux Isambert, que j'avais appelé à mon secours ; mais enfin, dans votre système nous n'étions que des diffamateurs. Néanmoins, savez-vous ce qui arriva trois ans plus tard ? Malgré l'autorité due à la *chose jugée*, votre garde des sceaux, M. Persil, alors procureur-général, portant la parole contre les ministres de Charles X, rangeait parmi les griefs de la royauté déchue, les massacres de la rue St.-Denis. *(Sensation.)*

Voilà, M. l'avocat-général, l'autorité des *non lieu* en matière politique. Ne nous en parlez donc plus : nous savons ce qu'ils valent. (*Sensation nouvelle.*)

Ce n'est pas tout. M. Denuncques a signalé comme une immoralité la manière dont on a exploité l'attentat Fieschi.

Or, n'est-il vrai que ce crime a été comme le passeport des lois qui enlèvent les délits de la presse au jury, en violation formelle de la constitution ? Vous ne pouvez le nier, le ministère lui-même a avoué que ses yeux s'étaient ouverts à la sinistre lueur de la machine infernale et l'hécatombe de nos libertés en 1835, n'est qu'un triste plagiat des fureurs qui suivirent l'attentat de Louvel en 1820. *(Mouvement.)*

Eh bien ! ici, M. l'avocat-général permettez-moi de vous rappeler un principe de droit, vous qui nous parlez de bien haut comme jurisconsulte, quoique nous n'ayons pas encore eu l'occasion de nous mesurer ensemble. Celui qui profite d'un crime, lorsqu'il en a connu les circonstances, est coupable à l'égard de l'auteur lui-même.

Oui, messieurs les jurés, peut-être aurez-vous à juger pendant votre session quelqu'infortuné que la misère aura fait tomber dans une faute de ce genre : le ministère public lui prouvera la loi à la main que sa participation dans le profit du crime le rend complice du crime même.

Mais quoi ! parce que le pouvoir ne nous a enlevé que nos libertés , à l'aide de la machine de Fieschi, n'est-ce donc rien ?

S'il avait soustrait un peu d'or aux victimes, il serait complice d'assassinat : est-il innocent lorsqu'il nous a ravi la loi commune ; en un mot la conquête de tout le sang de nos pères depuis 40 ans ?

Selon M. Denuncques tout cela est impur.... A-t-il tort ? J'en appelle à la conscience publique ; j'en appelle à la vôtre.

Ces lois d'ailleurs ont été flétries bien autrement encore par les Royer-Collard, les Odilon Barrot, les Nicod, par ce que la France compte de plus illustre et de plus honorable.

Pour moi je ne veux pour vous les faire juger sans appel que vous présenter une seule réflexion qui ressort spécialement de ce procès : la rétroactivité en matière criminelle a toujours été repoussée comme la plus odieuse de toutes les immoralités. Les tribunaux révolutionnaires eux-mêmes ne l'appliquèrent pas. En effet la question s'éleva et le 21 thermidor an 2, la convention statua en ces termes :

« Considérant que par l'article 13 de la déclaration des droits de »l'homme et du citoyen, nul ne peut être jugé ou puni qu'en vertu des »lois existantes au moment où le fait a été commis ; qu'une loi serait »tyrannique, et que *donner un effet rétroactif à une loi serait un crime* ; »la convention déclare, etc., etc. »

Eh bien ! aujourd'hui, en 1835 , sous le gouvernement des hommes qui croient de bon goût de nous opposer sans cesse le spectre de 93... que fait-on ?

Les articles pour lesquels sont poursuivis MM. *Denuncques, Leleux, Délebccque,* sont antérieurs à la loi qui a changé la majorité du jury et exigé le secret des votes ; cependant c'est la loi nouvelle qu'on nous applique : on ose ce que 93 n'a point osé. (*Sensation.*)

Je sais bien qu'on répond en légistes subtils que les lois *d'exécution* peuvent agir rétroactivement : que les principes sont sauvés pourvu que la pénalité soit celle prévue par la législation ancienne ; misérables sophismes inventés par la servilité des docteurs de la tyrannie !

Voyez la belle distinction : on vous enlève les garanties de la loi sous laquelle vous avez agi : il fallait alors huit voix pour vous condamner : aujourd'hui sept suffisent, mais ces garanties n'ont rapport qu'à *la forme :* ainsi soyez jugé, exécuté.... tout est pour le mieux , il y a des pédants qui appellent cela l'interprétation saine des lois.

Messieurs, les jurés, Dieu vous garde de la science des légistes : il n'y a pas une mauvaise action que ces gens là n'aient su justifier : mais, vous jugez les choses avec vos consciences qui sont droites : vous laissez à d'autres le soin de prouver que ce qui est *infâme* au fond, puisse être honnête et bon en raison *de sa forme* : et ainsi vous sympathisez avec nous lorsque nous signalons comment dans ce procès même, on a voulu exploiter dans un intérêt qui n'est pas celui de la France, l'attentat de Fieschi.

Vos consciences doivent s'étonner de tant d'audace : car jamais, sous de beaux dehors de l'égalité, on n'insulta si effrontément les libertés d'un grand peuple. Mais nous ne sommes pas au bout : le pouvoir est sur une pente où il n'a été donné à aucun pouvoir de s'arrêter. M. l'avocat-général a paru douter de cette fatale tendance : je vais lui en expliquer la cause.

J'ai là, entre les mains, un petit livre que j'aime à relire souvent et où je trouve un passage qui rend bien ma pensée. Ce livre c'est l'ouvrage de l'abbé Fleury, qui a pour titre, *Mœurs des chrétiens.*

Avant que le soleil de l'évangile éclairât le monde entier, il y eut aussi bien d'épais nuages à dissiper. Toutes les persécutions que subissent aujourd'hui les amis de la liberté, les disciples du Christ les avaient subies avant eux.

Vous savez la glorieuse et sainte histoire de ces martyrs qui, sommés d'abjurer leur foi pour se prosterner devant la statue de l'empereur, faisaient entendre des hymnes à Dieu, au milieu même des tortures. Souvent on vit les témoins de tant de courage se convertir subitement au christianisme et s'élancer du siège des persécuteurs sur le chevalet des victimes.

Mais il y avait parmi leurs ennemis une espèce d'hommes insensibles comme des rochers. Ceux là ne se contentaient pas d'obéir aux ordres des empereurs : ils auraient voulu être à la fois dénonciateurs, juges et bourreaux. *C'étaient les apostats. (Mouvement dans l'auditoire.)*

« Dans les catholiques mêmes, ajoute Fleury, il y avait toujours quelques » apostats, qui retournaient au paganisme, soit pour ne pas faire pénitence » après de grands crimes, soit par faiblesse dans les persécutions. Ces apostats, *pour se justifier,* inventaient des calomnies contre les chrétiens, ou » du moins confirmaient et augmentaient celles qu'ils trouvaient déjà » établies : et comme ils avaient été initiés aux mystères des chrétiens » leur témoignage paraissait indubitable. »

Ne dirait-on pas, messieurs, que ces lignes sont écrites d'hier ? *(Mouvement.)*

J'ai fini : car je ne voulais dire qu'un mot et c'est à regret que j'ai tant prolongé cette audience.

Je dois cependant, avant de me rasseoir, une dernière réponse à des insinuations personnelles dirigées contre mon client en qualité de fils de magistrat.

On dirait à entendre l'accusation que tout homme fidèle aux principes de liberté est un ennemi des lois et de l'ordre public, A M. l'avocat-général je me permettrai d'opposer un nom Européen, celui d'un autre magistrat qui occupait encore il y a quelques jours le second poste de l'Angleterre.

Le chancelier Brougham traçait ainsi la ligne de conduite qu'il s'honorait d'avoir suivie et qu'il jurait de suivre toujours.

« J'ai toujours été et je serai toujours l'ennemi de l'intolérance et de
» l'oppression : le protecteur de ceux qu'on attaque, le redresseur de ces
» griefs qui ont besoin de l'intervention d'un homme public; je ne recu-
» lerai jamais devant l'accomplissement de ces devoirs dans la crainte de
» déplaire aux puissans, de donner ombrage aux esprits inquiets, d'allar-
» mer les ames faibles; je m'opposerai à toutes les oppressions : je dénon-
» cerai toutes les injustices, qu'elles s'adressent au premier sujet du
» royaume, à une reine ou à un missionnaire de la divine vérité, ou à un
» humble imprimeur ou à un simple citoyen de Suffolk : *je résisterai à la
» tyrannie, je paralyserai* le bras de l'oppresseur; je démasquerai l'hypo-
» crisie soit qu'elle se cache sous le capuchon d'un moine ou sous *l'her-
» mine d'un magistrat.* J'arriverai toujours jusqu'au cœur de l'homme
» corrompu.

» Voilà mes principes : voilà ce qu'ils ont toujours été et ce qu'ils seront toujours. »

Cette éloquente profession de foi du chef de la magistrature de l'Angleterre, c'est celle de mon ami : c'est la nôtre, car ici accusés et défenseurs nous sommes tous solidaires des mêmes principes. (*Assentiment des prévenus et des défenseurs.*)

M. l'avocat-général, voilà qui nous sommes ! évoquez donc encore, si vous le voulez, une ombre qui nous est chère..... qu'elle descende majestueuse dans cette audience. ... nous n'aurons ni à rougir ni à trembler devant elle. (*Sensation profonde dans l'auditoire.*)

Quand le calme est rétabli, M. le président fait son résumé.

M. LE PRÉSIDENT : Leleux, Délebecque et Degouve-Denuncques, avez-vous quelque chose à ajouter à votre défense ?

LES ACCUSÉS : Non, M. le président.

M. le président résume les débats et rappelle avec impartialité les principaux argumens de l'accusation et de la défense. Il pose ensuite au jury les trois questions relatives à MM. Leleux, Délebecque et Degouve-Denuncques.

Le jury se retire dans la salle de ses délibérations.

Pendant la suspension de l'audience, les accusés et leurs défenseurs sont l'objet des plus vives félicitations.

Après dix minutes de délibération, le jury rentre en séance, et rapporte un verdict de non-culpabilité sur toutes les questions.

Malgré l'avertissement de M. le président, des applaudissemens éclatent dans l'auditoire, aussitôt que le verdict du jury est proclamé.

M. le président prononce l'acquittement de MM. Leleux, Délebecque et Degouve-Denuncques, qui, en se retirant, reçoivent de nouveau les témoignages de sympathie du nombreux auditoire que cette grande solennité avait attiré à la cour d'assises.

Ainsi s'est terminé un procès, qui, comme beaucoup d'autres procès de presse, a présenté le singulier spectacle d'accusés devenant accusateurs, se dressant avec hardiesse devant le parquet, et lui prouvant, par de rudes attaques contre la politique du gouvernement, qu'en exposant le gouvernement à ces attaques, il s'est à-peu-près conduit comme l'ours de la fable, qui, pour chasser une mouche de la figure de son maître, ne trouve rien de mieux à faire que de lui lancer un lourd pavé à la face.

M. le procureur-général de la cour royale de Douai n'a pas lancé ce pavé lui-même ; mais en faisant un procès à MM. Leleux, Délebecque et Degouve - Denuncques, il leur a fourni, à eux et à leurs défenseurs, les moyens de lancer plus d'une pierre à la figure de ses maîtres. Ainsi tout le monde, après avoir entendu les éloquentes plaidoieries du 6 novembre, répétait-il

> Rien n'est plus dangereux qu'un imprudent ami :
> Mieux vaudrait un sage ennemi.